塩野誠
Makoto SHIONO

佐々木紀彦
Norihiko SASAKI

ポスト平成のキャリア戦略

NEWS PICKS × GENTOSHA 幻冬舎

NewsPicks Book

ポスト平成のキャリア戦略

はじめに　自分のエゴを超えて、ハングリー&ノーブルに生きる

佐々木紀彦

「この話を20代のときにぜひ聞きたかった」

心底そう思える本が出来上がりました。

対談相手の塩野誠さんは、私自身が、人生の節目にキャリア相談をしてきた人物です。そのたびに塩野さんは、温かく鋭いアドバイスをくれました。そして今回、40歳を前にして、塩野さんと「ポスト平成」時代のキャリア戦略をじっくり語ったことで、「これからどう生きるべきか」について悟りを得ることができました。

塩野さんは、なぜ「ポスト平成」のキャリア戦略を語るのにベストな人物なのか。

それは、彼が、どこにも属していない自由人だからです。お堅いエスタブリッシュメ

ントでも、軽薄なベンチャー起業家でも、青白い顔をした学者でも、無機質なテックエリートでもなく、ひょうひょうと一人のプロフェッショナルな日本人として世界を飛び回っているからです。

大企業とスタートアップを深く知り、堀江貴文さんや冨山和彦さんといった傑出したリーダーと事業を創り、アメリカ、シンガポールなど国際経験が豊富で、かつ「AI×ビジネス」の領域で専門家として活躍している。経営者、参謀、サラリーマン、専門家——これだけ多様な場所で多彩な役割を担ってきた人はなかなかいません。

しかも、経歴を見ると華々しいのですが、実は苦労人です。ライブドア事件の際には、検察に数百時間も取り調べを受けるなど、波瀾万丈の人生を歩んでいます。

あらゆる人やものや事象を客観的に眺める「メタ自分」を持っていて、国や文化や時代を超えた普遍的な知を有している。それでいて、人間の弱さを慈しむ温かい心を備えている。それこそが、塩野さんの魅力です。

そんな塩野さんと私が今、キャリア戦略を語るのは、日本、日本企業、日本人が明らかに大転換期を迎えようとしているからです。「ポスト平成」の時代には、昭和・平成のキャリア戦略は完全に陳腐化してしまうでしょう。

にもかかわらず、世にあふれるキャリア論や先達が語るキャリア戦略は、どうもリアリティに欠けます。例えば、私の属するメディア業界で言えば、40歳以上のメディア人が語るキャリア戦略は、99％、役に立ちません。先輩や会社の言うことを従順に聞くと、10年後、20年後に地獄を見ます。それは多かれ少なかれ、あらゆる業界に当てはまることです。

それなのに、世の中の若者は危機感が薄すぎます。もしくは、危機感はあったとしても、どこに進んでいいかわからず、戸惑っているように見えます。

この本でわれわれがやりたかったのは、若い人たちに対して、われわれの知る限りの知恵と経験を率直に伝えることです。徹底的に本音に拘《こだわ》ったため、「こいつら偉そうだな」「自慢話じゃないのかよ」「人の批判をして嫌な奴だな」と不快に思うこともあるかもしれません。しかし、われわれは嫌われることは覚悟しています。たとえ１００人のうち90人に嫌われたとしても、「こいつら少しはいいこと言うな。勇気が出てきた。一生懸命に生きよう」と感じてくれる人が10人でもいれば本望です。そんな思いで、ときに笑い、ときには唸りながら、言葉を紡ぎ出しました。

「ポスト平成」時代を、日本人として立派に生きるためのキーワードをひとつ挙げるとすれば、それは「ハングリー&ノーブル」です。この塩野さん発案の言葉を、私はすごく気に入りました。

今の日本にも、貪欲に金銭や名誉を求めるハングリーな人はいます。高貴な気概に満ちたノーブルな人もいます。しかし、ハングリーかつノーブルな人はほとんど思い当たりません。大半の成り上がりは、自らの欲望や自我に食われて、ちっぽけな成功に満足し、偉大な何かを残せずに人生を終えます。大半のエスタブリッシュメントは、良識があっても、勇気と野蛮さに欠けるため、いい子ちゃんで終わってしまいます。

今後、ハングリーかつノーブルなリーダーが現れなければ、日本も日本企業も日本人も衰退し続けるでしょう。もう国なんて関係ない、日本に拘るのは古い、という人もいるかもしれません。しかし、国という概念は強固ですし、個人と社会は表裏一体です。日本のために奮闘することは、身近な大切な人の幸せ、社会に生きる人々の幸せ、未来を生きる日本人の幸せ、ひいては、世界全体の幸せにきっとつながるはずです。

本書では、塩野さんと、「ポスト平成の時代に、日本の社会やビジネスはどう変わるのか」「ハングリー&ノーブルな生き方とは何か」「偉大なリーダーとなるために、20代、30代、40代以降をどう過ごすべきか」などのテーマについて徹底的に語りました。

自分のエゴを超えて、ハングリー&ノーブルに生きる。普遍的な理念や勇敢な生き様を、世界へと発信していく。そんな日本人が一人でも増えることを願うとともに、自らもそんな生き方ができるよう、一日一日を懸命に生きていこうと思っています。

目次

第2章 日本という大天国に、危機が迫っている

第5章 30代はリーダー経験を必ず積むべし

第6章 40代からは教養と人脈の勝負になる

第7章 優秀から偉大へ

第1章

ハングリー&ノーブルな生き方

本章の10のポイント

①今の日本人は「自由の刑」に処されている。これだけ自由なのに、動こうとしない。
②日本人が個としてプロフェッショナルに生きるヒントは、「職人文化」の中にある。
③ウーバーのような「SNS的な相互レーティング」があらゆる職種・業界に広がる。
④自分のミッションを見つけられるかが勝負。そのためには、探索、孤独、修行が必要。
⑤ハングリーさがないと事を成せないし、何でも貪欲に吸収し、決断する度胸を持てない。
⑥ノーブルさとは高潔な気概。これがなくてハングリーだけだと悪いことをしてしまう。
⑦「カオスにおける意思決定」。これを快感ととらえられる人間がリーダーとして成長する。
⑧日本と世界のリーダーの大きな差は、教養、国家観、天命感、ミッションにあり。
⑨ほとんどの人は、全能感に食べられてしまって、ハングリー&ノーブルでなくなる。
⑩真のリーダーとオペレーションの優秀さが融合したときの、日本の爆発力はすごい。

「昭和モデル」と「平成モデル」の陳腐化

佐々木　この本のテーマはずばり、**「ポスト平成の時代に若者はどんなキャリア戦略を描くべきか」**ということです。なぜ「ポスト平成」を強調するかというと、最近、「昭和モデル」、さらには「平成モデル」の陳腐化や崩壊の気配をひしひしと感じるからです。

過去数十年で言うと、日本人の仕事観に与える影響がとくに大きかったのは、山一證券破綻やリーマンショックだったと思います。それに比肩する変化、よりおおげさに言うと、**明治維新や戦後復興なみの大変化が訪れる**のではないかと読んでいます。

塩野　私も似た問題意識を持っています。これから時代は大きく変わりますよ。佐々木さんは、「昭和モデル」「平成モデル」と言うとき、どんな整理をしていますか？

佐々木　キャリア面における「昭和モデル」を端的に言うと、右肩上がり、みんな一緒、男女完全分業、年功序列、ワーク・アンド・ノーライフです。一方の「平成モデル」とは、長期停滞、みんな迷走、男女ほどほど分業、ほどほど年功序列、ワーク・ライフ・バランスです。

「平成モデル」とは「昭和モデル」の劣化版に近いです。昭和のいいところも悪いところも破壊したけれど、新しい前向きなモデルを生み出せなかった。なんだか中途半端な鵺《ぬえ》みたいなシステムが出来上がったという印象を受けています。経済のみならず、キャリアという面でも、平成は「失われた30年」でした。

昭和モデル、平成モデル、ポスト平成の違い

	精神	テーマ	経済	働き方	会社
昭和モデル	攻め	売上拡大	右肩上がり	ワーク・アンド・ノーライフ	生涯一社
平成モデル	守り	コスト削減	横ばい	ワーク・ライフ・バランス	生涯ほぼ一社
ポスト平成	攻め	事業創造	右肩下がり	ワーク・ライフ・ミックス	生涯数社+フリー

昭和は今の価値観からすると、みんなが似た価値観で、男は家庭を顧みず仕事ばかりして、嫌な時代にも見えますが、やっぱり偉大だったと思います。私は昭和の最後の10年しか生きていませんが、なんとも楽しい雰囲気が漂っていたんですよね。

昭和には敗戦という悲劇がありましたが、戦後を生きた人で、昭和が不幸な時代だと思っている人はほとんどいないのではないでしょうか。これだけ国民が団結して、会社というコミュニティが結束し、努力すれば結果もばんばん出た。多くの人が結婚できて、家庭を持てて、マイカーを持って、小さいながらもマイホームを持てた。これは歴史的な偉業だと思いますよ。

「ポスト平成」について考えるために、平成について総括する必要がありますが、**平成は本当にろくなことがありませんでした。**バブル崩壊、冷戦終結から始まり、経済は低迷が続き、阪神・淡路大震災、東日本大震災といった大災害にも見舞われました。宗教心が薄い日本人にとってコミュニティの核だった会社も力を失い、どんどん日本人は孤独になっているように感じます。それを自由だととらえる人もいて、それ

は理解できるのですが、国民全体としては幸福度が下がったのではないでしょうか。
私の時代認識は雑かもしれませんが、こうした大きな流れを前提として、「昭和モデル」でも「平成モデル」でもない、「ポスト平成」のキャリア戦略をぜひ塩野さんと話していきたいと思っています。

塩野 **「これまでのキャリア戦略が機能しなくなっている」という指摘には完全に同意します。**私は最近、企業の経営者たちから「なんでこんなに仕事ができない人ばかりなのか」という話をよく聞くのですが、それは、優秀さ、**「仕事ができる人」の定義が変わった**からなんですよ。
「ポスト平成」のキャリア戦略を持っていないがゆえに、古いモデルに適応しようとする人があまりに多い。若者でさえ、未だ「昭和モデル」「平成モデル」に縛られています。そんな若い人たちに少しでも役立つアドバイスを、この対談ではできればと思っています。

佐々木 私はとくにひどいのは「平成モデル」のほうだと思います。「昭和モデル」も時代遅れではありますが、仕事面ではよりポテンシャルがあります。ブルーオーシャンがいたるところに広がっていた時代なので、とにかく攻めています。ガッツがあります。ハングリー極まりない。一方、**退却戦を繰り返してきた「平成モデル」で優秀な人は、守りがうまい人ばかりです。**しかも、コスト削減やコンプライアンスなど、せこい守りの人が多い（笑）。
ただし、時代が一巡して、守りのニーズより攻めのニーズが高まってきました。**「ポ**

スト平成」を考える上でのキーワードのひとつは「攻め」だと思います。ぜひこの章では、ポスト平成時代において**「仕事ができる人」とはどんな人か。**どんな人が企業や社会に求められているかについて話していきましょう。

私が今、雇いたい人

塩野　佐々木さんから見て、メディアの世界で「仕事ができる人」「ぜひ雇いたい人」とはどんな人ですか。メディアの世界は、極論すれば〝一人メディア〟が可能になってきていますよね。

個人であっても、自分で取材して、写真も撮って、動画も撮影して、文章も書ける。しかも、紙でもウェブでもツイッターでも発信できる。そういう時代において、あえて組織として採りたいメディア人はどういう人なんですか？

佐々木　いい質問ですね。それは、私が毎日のようにぶつかっている課題です。

まずは、われわれがスタートアップメディアであるということもありますが、**最低3つは得意分野がないと厳しいです。**これまでのメディアは、大企業で分業して作品を作るのがメインでしたが、ここまで個人で使えるツールが増えると、むしろ下手に分業すると効率が悪くなりますし、クオリティも下がってしまう。

今後もチームワークはもちろん大切ですが、より個の能力が問われます。今までのメディアは、役割がきちっと決まっていて監督が上から細かく指示する「野球型の組織」

が中心でしたが、今後は、得意分野を持ったうえで、領域や役割を横断しながら自律的に動いていく「サッカー型の組織」でないとやっていけないと思います。これはメディア業界に限らない大きなトレンドです。

塩野　例えば、どんな得意分野があればいいんですか?

佐々木　それは自動車、IT、金融といった産業領域の専門性でもいいですし、動画、写真、デザインといった表現手法の専門性でもいいです。もちろん、アメリカ、中国、中東といった地域の専門性も武器になります。

それぞれの専門がトップクラスで、3つ以上の専門性を組み合わせることで、新しい付加価値を出せる人材。もしくは、そのポテンシャルがある人材。そうした人材ならすぐに雇いますね。そんな人はほとんどいませんが（笑）。

塩野　なるほど。それらの条件は、ジャーナリストとしてでしょうか?

佐々木　基本はジャーナリストなんですが、コンテンツとビジネスの枠組みも部分的に解けてきています。

メディア業界全体で言うと、もっとも需要が大きいのは、コンテンツとビジネスとテクノロジーの3つがわかる人間です。とくに、日本のメディア業界は、ビジネスとテクノロジーの領域が極めて弱い。基本的に、ビジネスとジャーナリズムの両方を深く理解している人は、ほぼゼロと考えていいと思います。

私は経済メディアという仕事柄、一流のビジネスパーソンに会う機会が多くありますが、最前線のビジネスパーソンの知見に比肩するビジネスセンスを持ったジャーナリストに会ったことは一度もありません。自省でもありますが、おままごとみたいな話ばかりです。

塩野　しかしながら、ジャーナリズムとビジネスの知見を兼備するのは、相当ハードルが高い気がします。欧米では、それこそジャーナリスト出身の投資銀行家もいれば、バンカーからメディアビジネスに移った人もいます。

佐々木　日本にはそういう流動性がありません。それだけに、基本レベルのビジネスパーソンとしての知識・経験があると大きな差別化になります。

今、NewsPicksのメンバーで活躍している野村高文という者がいるのですが、彼は、出版社に勤務した後に、ボストンコンサルティングで働き、その後NewsPicksに加入しています。

彼は、ビジネスにもコンテンツ作りにも長けています。編集者として筆者を開拓できるし、自分で取材して記事も書けるし、イベントも企画できるし、事業の採算管理もできる。こういう人材になれれば、もう怖いものなしです。メディアのような古い業界ほど、実はキャリア面でもチャンスにあふれているんです。

有名企業で働くリスク

塩野　「キャリアの掛け算」によっていかに希少価値を出せるか。ユニークネスを担保できるか。そこは本当に重要です。

例えば、ウェブメディアの経験があって、東南アジアに詳しくて、自動車業界に人脈があって、取材が得意だったら、１００人に一人の人材になって、生き残りが楽になりますよね。

それに、**キャリアの掛け算は、心の安心にもなります。**いくつか武器を持っていると、これがダメだったら、あちらを伸ばして生きていけばいいや、というふうに思えます。逆に、「偏差値65以上です」と言える分野がひとつしかないと不安になってしまう。

佐々木　加えて、自分のスキルが、どこでも通用する「汎用的スキル」だったらいいですが、あくまで組織内だけで通用する「組織固有スキル」だった場合、組織が立ち行かなくなると、どこにも行けなくなってしまう。**転職を考えている方は、「組織固有スキル」と「汎用的スキル」を自分の中で分けて考えて、自分のスキルの中でどういう構成になっているかを考えたほうがいい。**

塩　野　毎年、人間ドックを受けるようにスキルも棚卸ししたほうがいいですね。

組織固有スキルを自分の実力と勘違いしてしまう人は多いです。実際には、組織を離れたら、１００あった自分の力が50や40になってしまう可能性もあります。

最近は以前ほどではないですが、転職した人は古巣から「裏切り者」扱いされかねません。そうなると、過去の人脈も使えなくなるので自分の力は１００から30になってしまうかもしれません。自分の力が30になっても本当に戦えるんですか、という問いは、転職するときにはしっかり考えたほうがいいですね。

佐々木　そういう意味では、**強力なシステムがある企業ほど、組織内スキルのほうが高いので、**

塩野　**転職したときに大変でしょうね。**トヨタや三菱グループのような業界のトップ企業に入るのは組織人としてはメリットが大きいですが、個の力が弱まるおそれもあります。

強い組織で組織人として働いたがゆえに、外に出ていくと汎用性がない、ツブシがきかないという可能性は大いにあります。一方で、組織が全くもって役に立たないから、個としてのスキルが伸びるということはままあります。

佐々木　メディア業界で言うと、新聞はシステムががっちり出来上がっているだけに、個につく能力が低いですね。どうしても組織の歯車になってしまいがちです。新聞の中では、人員が少ない毎日新聞や産経新聞のほうが転職力が高くなる面もあります。

一方、出版社はあまり組織立っていなくて、雑誌編集者や書籍編集者が個人技で動く部分も多いですので、意外と普遍的なスキルを持っています。出版社出身の人のほうが、ウェブメディアとも相性がいいです。

塩野　環境変化が激しくなって、「この仕事は人間がやるべきか、ＡＩがやるべきか？」となってくると、**組織内においても打たれ強くサバイバル能力が高い人を重用すべきです。**

サバイバル能力が高い人ほど出世できるような文化や制度にするとか、少しでも事業部が肥大化したと思ったらすぐに半分に分割してしまうとか、とにかく組織を小さくしていく。組織設計にメスを入れることをいとわない経営がこれから必須になるでしょう。

佐々木　それを実践している企業はどこですか？

塩野　無印良品は、商品開発部と生産管理部と在庫管理部が対立した際に、商品開発部のヘッドの下にほかの部を入れてしまったそうです。

ほかにも、ソフトウェアの世界や映画などのコンテンツ制作の世界は、プロジェクトごとにどんどんメンバーが入れ替わるのは普通です。

佐々木　今、塩野さんの同僚である木村尚敬さんが書いた『ダークサイド・スキル』が売れていますが、ダークサイド・スキルというのは、サバイバル能力に近い意味なのでしょうか。

塩野　ダークサイド・スキルというのは、個人が組織や人に影響を与え動かす力です。

佐々木　どういうことですか？

塩野　**ビジネスでは与えられたミッションをやり遂げる際に、組織や人を動かせないと話になりません。**自分がこんなによい新規事業を考えたのに、事業部に理解されなくてポシャりましたという話は多いものです。

簡単に言うと、ダークサイド・スキルとは、一般に政治力と言われているものを、うまく構造化して言語化したものでしょうか。

佐々木　政治力ですね。人々のインセンティブに対する洞察力とも言えます。

塩野　あとはMBA的科目だとオーガニゼーション・ビヘイビア。組織行動学です。交渉やインセンティブ設計の能力も含まれます。例えば、新組織を作って新規事業をやれと言われたとき、うまく個々人の内発的、外発的なインセンティブ設計ができないと、みんながまったりして、新しいアイディアが出てきません。

よくあるのは、どんなに画期的なビジネスを創っても、全部会社のものになって、個人には何も還元されないケースです。こうした社内制度では社員はモチベーションが高まりませんし、社外での起業を選ぶかもしれません。そうした**人間の心理や特性も見極めたうえで、インセンティブ設計すべき**ですよね。

日本人は「自由の刑」に処されている

佐々木　インセンティブ設計の話とも絡むのですが、**日本人の今後のキャリア戦略を考えるうえでもっとも大きいテーマは、「個として働けるか」です。**これは日本人にとって、未曽有のチャレンジだと思います。

歴史を振り返っても、日本人の大半は農民であって、集団として、集団のために働いてきた面があります。武士たちも、厳しい階級制度の中で、主君のために個を殺して働いてきました。一部の商人は個として自立した働き方をしていたかもしれませんが、基本的に、日本人は個として働いた経験に乏しい。

そんな日本人が、自立した個人として、仕事に向き合うことができるのか。むしろ、日本的な個の生き方があるのか。それが問われていると思うのです。

塩野　医師や、弁護士などの士業は、割と個で働いていている面があります。大手監査法人は数千人もいる規模の組織なので、純粋なサラリーマン組織になっていますが、法律事務所や病院には小規模で個々人の影響力が強いところがたくさんあります。

外科医の中には一流の技術を持ち、海外に招かれて手術をしながら後進を育てている医師もいます。こうした医師は自分が一番活躍できる環境はどこかを考えるとともに、自分の培った技術を後世に残せる組織はどこかを問いながら生きています。こういう人が、本物のプロフェッショナルだと思います。

佐々木　メディア業界も、本当はプロフェッショナル型のほうが相性のいいところです。個の貢献度と実力がこれほど見えやすい仕事はありません。それなのに、戦後70年、サラリーマン型の雇用になってしまったがゆえに、プロ意識が希薄な業界になってしまいました。**メディア業界のさまざまな歪みも、結局は、「プロであるべき人たちがサラリーマンとして会社のために働いている」というところから生じているように思います。**

塩野　ジャーナリストは極めてプロフェッショナルな職業だと思います。個としてのプロ意識が強く求められます。

青臭いことを言えば、ジャーナリストとは、ペンひとつで世界を変えられる人種です。それなのに、**個でなくてどうする？**　という話です。ジャーナリストが会社のために働いて、組織人として世界を変えましょうという考えはジャーナリズムからはほど遠いですよね。

佐々木　メディア産業は経済規模としてはあまり大きくないのですが、世の中に与えるインパクトという点では極めて大きい。メディア業界に個として自立した人が増えれば、メディアから流れる情報の種類も変わってきて、自律的な文化が日本に広がりやすくなる気がするのです。

塩野　ジャーナリストは、「伝えたいという野心」を持って働くべきだと思います。

佐々木　自立して健全な野心を持ち続けるためにも、まずはどこでも食っていけるだけの腕を磨くべきですね。会社への依存度が高いジャーナリストは、最後の最後で個の信念を貫けなくなってしまいますから。

塩野　そのためにも、ジャーナリストはマルチであるべきで、得意領域を数多く持って、その掛け算で生きていくべきです。「それは難易度が高い」と言う人もいるでしょうが、私は可能だと思います。

現在はテクノロジーの発展のおかげで、世界中の資料をネットで効率的に探せます。スカイプなどを使って世界中のキーパーソンに遠距離から取材できるようになりました。20年前に国会図書館まで行って資料を探していたのとは大違いです。環境的には、「これ以上何を望むんですか」という状況でしょう。あとは自分がその環境をどう活かすかという問題です。

これはジャーナリズムだけでなく、あらゆるビジネスについても言えます。情報は取ろうと思えばいくらでも取れる。もしも、どこかの業界で知りたいことがあれば業界団体に電話しても、メールしてもいい、業界に詳しい人にSNSやクラウドワーキングでアプローチしてもいい。この環境で、なぜあなたは受け身で待っているんですか、という話です。

佐々木　最終的には、その問いに返ってきますね。

塩野　**今の日本人は、やっぱり「自由の刑」に処されている**としか言いようがないですよ。

これだけ自由で機会があるのに、みな動こうとしない。

プロフェッショナルと職人

佐々木　受け身な人ほど、モチベーションにこだわるところがありますね。

塩　野　私は、「仕事でモチベーションが上がらない」という表現の意味がわかりません。意味がわからないのは、「だって、あなたはお金をもらっているでしょう」というふうに考えるからです。**対価をもらっている以上、モチベーションに関係なくやるのがプロです。**そういう意識のほうが仕事は続けられます。

佐々木　もう自分の中に倫理として組み込むということですね。

塩　野　モチベーションはアップダウンがありますが、「プロ意識」のほうは職への忠誠ですから、そのマインドセットは職人に近いと思います。

佐々木　それは、コンサルタント、医者、弁護士といったプロフェッショナルの色が濃い職業以外にも当てはまる話ですか？

塩　野　どんな人だろうが、どんな仕事だろうが、「お金をもらっているから、ここまではしっかりやろう」という品質があると思います。例えばウェイトレスでも、ウェイターでもそれは同じです。これだけのお金をもらっているんだから、最低でもこの品質にしようという下限が定まりますよね。

佐々木　日本に、プロフェッショナリズムの伝統はあるのでしょうか？　プロフェッショナルという言葉は、プロフェス、つまり神に告白する、**神に恥ずかしくない仕事をする**、という意味から来ています。

塩野　ヒポクラテスの誓い（医師の倫理・任務などについての、ギリシア神への宣誓文）がその典型ですね。

佐々木　日本にも「お天道様が見ている」という感覚はありますね。二宮金次郎のような勤勉の精神もありますし。

塩野　ただ、日本の伝統から言うと、江戸時代に日本の支配層だった侍は人口の1割以下と言われますし、ほとんどは農民です。

佐々木　昔の侍も今で言う公務員とさほど変わりませんね。

塩野　**プロフェッショナリズムに近いのは、職人文化でしょうね。**職人は他人に言われなくても「ここまでやらなきゃ」という職業倫理を持っています。現在までこうした伝統は日本に脈々と続いています。精密機械などのテクノロジーへの偏愛も職人文化から生じている面があります。

佐々木　お客さんを喜ばすというか、自分にとって恥ずかしくないものを作るというプライドですよね。

塩野　**プライドやプロフェッショナリズムのほうがモチベーションより長持ちすると思います。**だって、「モチベーションが上がらないなあ」と言っている職人は嫌じゃないですか（笑）。

佐々木　嫌です（笑）。AI時代の個人の生き方として、プロフェッショナリズム、職人文化

塩野　をもう一度見つめ直したほうがいいですね。
それはあると思います。嫌な言い方をすると、ＡＩ社会は明らかにレーティング（評価・格付け）社会になります。ウーバーでもドライバーの人たちは日々レーティングされていますが、それがあらゆる分野に広がっていきます。となると、相互レーティングされ続ける社会でプロフェッショナリズムが正当に評価されるためには、評価する側にも一定のリテラシーが必要です。今のレーティングシステムは「いいね」中心の美人投票やフォロワー数競争ですから、その評価基準でいいのかとは思います。

佐々木　インスタグラムで承認欲求を満たすみたいな話が中心です。

塩野　ウケればいい、フォロワーが増えればいい、という方向に行きがちです。

佐々木　今後は例えば記者の世界で言うと、「食べログ」ならぬ「記者ログ」みたいなものができて、各記者がレーティングされるような形になるかもしれません。

塩野　ＳＮＳ的な相互レーティングが広がると、各人の仕事のクオリティやレピュテーションみたいなものが見える化されて、フィルターバブルが起きるでしょうね。**レーティングが高い人は、これまでの社会よりさらに仕事が集中してくるし、濃いネットワークに入ることができるようになる。**いわば、ギルドっぽくなってくると思います。

佐々木　各業界で〝いつものメンバー〟が固まっていくということですね。いったん、そこに入ってしまうと強い。個人でもどんどん仕事ができるようになります。

塩野　最近、ギルド化をよく感じることがあります。**「あの業界であれば、あの人」という評判がどんどん固定化してきているんです。**

実は私や冨山和彦（経営共創基盤CEO）の仕事の7割は人探しなんです。企業がうまくいかなくなったときに、「経営者の誰を連れてきてどう立て直すか?」が腕の見せ所なのですが、「あの人は空かないかな」と候補者として浮上する人が、〝いつものメンバー〟になってしまっています。同じメンバーでぐるぐる回している感じなのです。

佐々木

自分のミッションの探し方

そうして相互レーティングが盛んになると、他人の評価を通じて自分が見えてくるかもしれませんが、他人の評価に踊らされて、自分がますます見えなくなる人も増えてきそうですね。

そもそも、**日本人が自らの進むべき道をなかなか見つけられないのは、「自分とは何か」「自分は何のために生きるのか」を考える時間が、人生の中で圧倒的に不足しているからだと思います。**

『LIFE SHIFT』の著者の一人であるリンダ・グラットンは著書の中で、これからのライフには、3つの働き方が必要だと説いています。

ひとつは、**エクスプローラー**。自分が何をしたいのかを探すために、旅をしたり、新しい仕事に挑戦したり、新しい領域を学んだりする時期です。

もうひとつは、**ポートフォリオワーカー**。先ほどの「キャリアの掛け算」ではないですが、複数の組織に所属したり、異分野をつなげたりしながら、ポートフォリオを組ん

人生の3つのステージ

エクスプローラー	旅や経験を通じて見聞を広めて、自分を知る
ポートフォリオワーカー	副業や会社外の活動など、複数の活動に関わる
インディペンデントプロデューサー	既存のキャリアから離れ、自分で職を生み出す

出所）『LIFE SHIFT』（リンダ・グラットン、アンドリュー・スコット）

で働く時期です。

最後は、**インディペンデントプロデューサー**。フリーランスの立場などで、たとえ収入が落ちたりしても、自立した立場として働く。個人としての力を育み、試す時期です。

今の時代に、22歳の新卒でやりたいことを見つけるのは、よっぽど運がよくないと無理です。**30代までに自分のミッション、天職を探す**というスケジュール感で、エクスプローラーとしての時間を意識的に持ったほうがいい。でも、日本は就職して、企業村の中で生きるうちに、いつのまにか個のない人間になってしまう。

塩野　自分のミッションは、どうしたらわかるんでしょうか。

佐々木　彼女は、**いろんな仕事を経験したり、異国に旅をしたり、未知の人に出会ったり、幅広い経験をすることが大事だ**と訴えています。

それに加えて、男性の場合はとくに、一人で孤独の中で這いつくばる時期、恋愛や失恋を通じて自分の弱さを見つめ直す時期、徹底的に何かを深く学ぶ時期も必要ではないでしょうか。昔の侍は、一人で座禅を組んだり、剣術の腕を磨いたり、四書五経を読んだりしながら自己と向き合っていましたが、こうした自己錬磨は現代にも求められているように感じます。

塩野　それと正反対の現象として、わが国で感じるのは就活ゴールですね。

就活のゴール感があるから、その後に努力しない。

佐々木　でも、先ほどの「キャリアの掛け算」の話とも関連するのですが、周りの人間が就活ゴールで努力を止めた後に、40年くらいは仕事人生があるわけじゃないですか。
その何十年間を、自分の素養のために、自分が学び続ける時間に充てれば、たとえ学歴がなくても筑駒（筑波大学附属駒場中学校・高等学校）出身、東大出身の同期を抜けるんですよ。学ぶことを止めた偏差値秀才に勝てるのであれば、それをやらない選択肢はないと思うのです。
それなのに、なぜみんなやらないんでしょう。大半の人が、やる前からあきらめている。

塩野　やらないですね。そこまでハングリーではないのでしょうね。だったら仕方ないと思います。あとは、人のせいにしたり、嫉妬したりしないでほしい。

佐々木　みんな就活ゴール感はありつつも、会社で出世はしたいわけですよね。

塩野　「渋谷を歩いていて、スカウトされてモデルになって、タレントになって、セレブになれないかな」と思っている人ですね。

佐々木　幸運がどこからか降ってくると思っている。受け身極まりないってことですね。
もうひとつ不思議なのは、今の若者に「就活ゴール感」があるということは、その会社に一生い続けるつもりなんでしょうか。会社側が一生面倒見てくれると思っているんですかね。

塩野　もちろん、多くの人は転職も頭の中にはあるんでしょうが本気ではありません。

慶應義塾大学・上位就職先企業（2016 年度）

	会社名	人数
1	みずほフィナンシャルグループ	146
2	東京海上日動火災保険	97
3	三菱東京 UFJ 銀行	91
4	三井住友銀行	63
4	慶應義塾大学病院	63
6	三井住友海上火災保険	58
7	アクセンチュア	56
8	大和証券	50
8	三菱 UFJ 信託銀行	50
10	東京都	49

出所）慶應義塾大学

佐々木　就活段階で、「勝った感」があるんでしょうね。ただ、今の学生の人気就職先を見ていると、数十年後も安泰とはとても思えません。とくに、慶應の就職人気ランキングや就職先企業ランキングを見ると、本当にひどい。

塩野　ひどく古風ですね。

佐々木　メガバンクや保険といった、古臭い金融機関のオンパレード。私は学生たちに、「何を考えてメガバンクに行くのか」「どんな志望理由を語れるのか」をインタビューしたいと思っています。そして、**説教したい（笑）**。

塩野　まず深く考えていないのと、昔の感覚しかない親の命令を受けているのでしょうね。

佐々木　私はどうしてもこういう人の心理がわからないのです。心情的にも、合理主義的に考えても。将来が暗い選択肢を率先して選んで悦に入っている。それが不思議でしょうがないのです。

塩野　目の前にフロンティアが広がっているのに、揃いも揃って「やらない」という選択をしている。同期1000人以上というメガバンクで自分は出世できると思っているのでしょうか。ほとんどの人は支店長にも部長にもなれないでしょう。この事実を就活生に言うと驚きますが。

佐々木　要するに、ミッションとか、自分がどうしてもやりたいことはないけれども、他人には劣りたくない、ちょっと先に行きたいということなんでしょうかね。こういう人ほど、自己承認欲求は強くて、SNSには積極的だったりするのが、また理解できないというか、いらだちを感じます（笑）。

塩　野　でも、こういうリスク回避な人たちがいるから、**未来を予測しリスクを取る若者が楽しく生きられるのだと思います。**最近は東大理系のトップ1％は「自分の能力はどこでも欲しがられるし、頭の悪い人と働きたくないから、起業がいいですかね」と言いますから。ちょうど時代の変わり目な気がします。

「仕事ができる人」の定義が変わった

佐々木　受け身であることとも関連するかもしれませんが、どんどん人間として幼稚化しているというか、未熟な大人が増えている気がします。産業医の大室正志さんは「現代の元服は40歳だ」と言っていますが、確かにそんな気がするのです。100年ライフになると今の年齢を0・5掛けしたら昔の精神年齢に近づく。40歳でも精神年齢は、昔の20歳ぐらいなのではないかと感じます。

塩野　幕末の志士で奇兵隊を創設した高杉晋作は27歳で亡くなっていますから、そうした比較では現代は寿命も延び、幼稚化も進んだのでしょう。

人間には年齢ごとに経験すべきことがあると思うのですが、そのタイミングを逃すと、そこに変なこだわりを持ってしまう。とくに20歳までにやるべきことをやらないと、それを引きずってしまうように思います。

例えば、男性に多いですが、受験勉強ばかりして、年齢に応じた異性とのコミュニケーションや恋愛経験のないまま大人になると、異性との距離感がうまく取れなかったり、いびつな幻想を抱いたりする。こういう人はビジネスシーンにおいても散見されますし、当然、仕事をしていく中でもハードルとなります。

極端な例として、男性の中には、女性をもの扱いする人がいます。そういう男性をよく観察すると、やるべきことをその年齢でやっていないことが多く、そこにコンプレックスがあったりする。お金や地位を得た後の社会人デビューとも言えますし、過去への復讐にも見えます。一言で言うと、うまく成長できなかった。うまく心を育てられなかったということです。

佐々木　以前、東大の松尾豊准教授にインタビューしたときに指摘していたのですが、「東大生に消費者向けサービスを作らせると、本当にセンスがない」そうなのです。こうした分野は慶應生が強いと語っていました。

松尾先生曰く、**東大に入ってくる子は勉強ができるので、勉強ばかりしてきた人が多くて、人の気持ちがわからない人が多いそうです。**今、テレビ番組でも、ユニークな東大生を並べて、明石家さんまさんがいじる番組が流行っていますが、東大生を国民全体でおちょくって楽しんでいるのはちょっと異常ですよね。

塩野　異常です。ただ、**今までの教育は答えのある試験が解ける人間を優秀と定義してきたわけですよね。**社会に出れば試験よりも変数が多く、運の要素も大きい。偏差値秀才が挫折することも多いわけです。例えば高級官僚が「私は人の気持ちはわからないので」と言ったら嫌ですよね。

佐々木　そういう人には絶対出世してほしくないですね。

塩野　ここらへんで、**仕事ができる人、優秀な人、リーダーになる人に対する評価の物差しを変える必要があるのです。**

実際、物差しは変わっていくと思いますよ。なぜかと言うと、AIやロボットの進化で自動化できることが増えてくると、ヒューマンタッチ（人間味）、ハイタッチ（感性）の価値が相対的に増大してきます。言語感覚、言語操作能力が高く、ヒューマンタッチ、ハイタッチ部分が強い人の評価が高くなるのです。

『ダークサイド・スキル』のような本が売れているのは、ビジネスシーンで人の機微やわびさびを理解する力をつけたいと思う人が多いからでしょう。

佐々木　では、**ダークサイド・スキルは、どうすれば身につけられるものなのでしょうか。**

環境や育ちの中でダークサイド・スキルを育ててきた人と、後天的に身につけた人がいると思うんです。例えば、塩野さんのボスである冨山和彦さんのようなタイプは、論理で身につけたタイプでしょうか。

塩野　後者に近いかもしれません。左脳のパターン認識を、極限までやったら右脳化したように見える、と。人間に対するパターン認識がものすごく多いように見えます。

佐々木　そうすると、冨山さんのように左脳を右脳化できる人は稀でしょうから、体験や教育を通じて、自然に身につけていかないといけないのでしょうね。

ハングリー&ノーブル

佐々木　今後、人を評価する物差しが変わったときに、ヒューマンタッチが上がるというのは完全に同意なのですが、どういうふうな人生を歩んできた人がヒューマンタッチが高くなるのでしょうか。実際問題として、面接官はヒューマンタッチをどう判断するのか？ヒューマンタッチの評価に限って言うと、東大卒であることがマイナス評価になる可能性すらあります。

塩野　その問いは、この対話の根本的な問いだと思うのですが、私の中では、**ハングリーとノーブル（高貴さ）の両立の難しさと重なる問い**です。

佐々木　**ハングリーとノーブルというのは、面白いキーワードですね。**

塩野　**ハングリーさがないと事を成せないですし、何でも貪欲に吸収し、決断する度胸も持てません。その一方で、ノーブルさがないと、悪いことをしてしまう。**そこのバランスの難しさだと思っています。

政治家や官僚だけではなく、ビジネスパーソンにも当てはまる話です。ハングリーさはあっても、ノーブルさがない人はたくさんいます。「野蛮な貴族」の不在です。
今の日本のビジネスシーンは、本当に草食な人が多いので、悪に対する免疫がありません。ハングリーな悪人に騙される人がとても多いのです。悪人というのはどこの世界にもいて、会社のお金を横領したり、気に食わない社員に工作を仕掛けて追い出したり、経営者をうまく操作して使ったりします。見る人が見れば、悪人というのはわかるのですが、過保護に育てられて性善説を信じてきた人は、それを見抜けません。

悪人もいずれは悪事がバレるので、最終的には自滅していきます。**どんなにハングリーでお金儲けがうまくても、高貴さがないと、得た富も地位もうまく使えません。**実際、お金持ちになっても、周りの人も信じられず、世のため、人のためにお金を使えずに一人で黄昏《たそが》れている人はたくさんいます。

また、日本のビジネスパーソンは真面目に悪事を働くこともよくあります。会社のために、真面目な人が真面目にコツコツと罪の意識なく不正を働くような例です。こういうケースは周囲も「会社のために社員は頑張ったのだから」というシンパシーがある気がします。**日本の企業不祥事のほとんどはこれでしょう。**

世界には、多くのグローバルイシューがあるのですから、その解決のために富や地位をもっとうまく使えばいいのに、それができない人ばかりなのです。**ハングリーさとノーブルさをどうすれば両立できるかは、人を見るときの私の大きなテーマです。**

佐々木　一例としては、堀江貴文さんや村上ファンドの村上世彰《よしあき》さんは、ハングリーとノーブルのバランスはどうですか?

塩野　**堀江氏はパブリック（公益）がなく、リバタリアン（自由至上主義者）に見えます。**

リバタリアンたる自分は、大変楽しい。そして「楽しく自由な個には誰でもなれる」という主張に、ファンがついていくという現象です。個としての欲望に忠実で、多くのファンに憧れや夢を持たせることはよいことだと思います。ただ、自分の能力をパブリックに活かす発想はないように見えます。

佐々木　村上さんはどうですか？　著書の『生涯投資家』では、かなりノーブルなことを語っていますが。

塩野　彼の主張は、「自分のおかげで日本にコーポレートガバナンスが議題設定できた」ということでしょう。

一方で学者や官僚の中には、彼のトリックスター的な投資行動のおかげで、日本のコーポレートガバナンス改革が遅れたと思っている人たちもいます。よってコーポレートガバナンスという観点では、各人の一方的な主張だけを受け入れると判断を誤ることになります。

また、自己資金による投資は別として、ファンドマネージャーたる村上氏の究極的な忠実義務は、ファンドに投資している投資家に対するものです。よってコーポレートガバナンスを語るのは自由ですが、最後はファンドマネージャーとしてファンドの投資家のためにリターン（利益）を出すことが優先されるため、投資先企業の株価上昇時には売り抜ける必要がありました。「コーポレートガバナンスという大義を語ってスタンドプレーすることで株価を動かして売り抜ける」という批判はここに起因します。そこが

佐々木　本来は長期的・持続的な企業価値向上を目指すべきコーポレートガバナンスの趣旨との
バランスが難しかったように思います。

村上氏に対し、経営理念と資本市場の論理の両方の知見を持って、真正面から説明し
反論できる経営者がいなかったことも日本の不幸ではあったと思います。

塩野　世間的には、コーポレートガバナンスが、ハゲタカファンドとイコールのようなイメ
ージになってしまいました。不必要な警戒を生んだ面はありますね。

そうですね。制度設計に関わった人たちの中には、「なぜ、そういう方向に行ってし
まったのか」と憤りを感じている人がいます。

堀江氏も村上氏も海外で活躍してほしかったです。村上氏には米国で映画『ウォー
ル・ストリート』のゴードン・ゲッコーのように、"Greed is good（欲望は善）"と株
主総会で言ってほしかったです。そうすれば日本ではヒーローになったでしょう。

堀江氏にしても、村上氏にしても、彼らが世の中を騒がせたときから10年のときを経
て著書が売れて人気だというのは、それだけ日本にキャラ立ちした人がいないというこ
とかもしれないですね。

カオスの中での意思決定

佐々木　ハングリーとノーブルを両立させた人として、思いつく人はいますか？

塩野　白洲次郎みたいな人でしょうか。

佐々木　ただ、彼は悪い話もいっぱいありますよね。

塩　野　そこも含めてハングリー&ノーブルだということです。吉田茂もそうですね。もう少し近年だと緒方貞子さんとか。

佐々木　盛田昭夫や本田宗一郎や松下幸之助もいい例ですよね。**昭和の本物のリーダーには、ハングリーさとノーブルさがありました。**

塩　野　その通りです。ホンダの本田宗一郎と藤沢武夫の二人は、奇跡の組み合わせですよね。

佐々木　ノーブルといっても、お坊ちゃん的なものではない。

塩　野　ノーブルを、高貴とするか、高潔な気概とするかと言えば、イメージとしては**高潔な気概**のほうです。

佐々木　それとミッションは似ていますか？

塩　野　似ています。盛田昭夫さんの例で言うと、由緒ある造り酒屋の出身です。そうした出自から、どんな分野でも一流とはこういうものだという気概が感じられます。これは日本人の面白いところなのですが、**日本人は、血統を嫌い、血統を愛しているんです。**庶民でさえノーブルな血統の存在があってほしいと思っているように感じます。

佐々木　嫉妬もありつつ、あがめもする。日本人は血統に対してアンビバレントな感情がありますね。

塩　野　日本人は血を嫌い、血を愛しているんです。もしも旧華族が長らえていたら、結構人気者だったと思いますよ。お殿様と呼ばれた細川護熙《もりひろ》さんは、首相にまでなりましたから。

佐々木　今後求められるリーダーの条件として「ハングリー&ノーブル」という言葉が出てきましたが、ほかにキーワードはありますか。

塩野　あとは、**越境です。どこにも安全地帯がなくなっていく時代において、越境者たれるかということです。**

以前、経済産業省の若手官僚たちが作った「不安な個人、立ちすくむ国家～モデル無き時代をどう前向きに生き抜くか～」というペーパーが話題になりました。

これだけ豊かになって、これだけ情報があっても、個人は不安で国家は立ちすくんでしまうのです。みんなが「自由の刑」に処されていると思いますね。こうした中でも、自らの意思を持って立ちすくまずに越境していかなければなりません。**混沌としたカオスの状況でも自らのミッションを実現するために、知的に領域横断的であるべきです。**文系・理系といった枠組みはもはや意味を成しません。社会学にもデータサイエンスの素養が必要ですし、バイオをやっている人も法的知識は必要です。

佐々木　未来がどうなるかわからないっていうカオスな状況で、ちゃんと意思決定して行動できる人が、個人のレベルでも企業のレベルでもいないということですね。

塩野　キーワードは**「カオスにおける意思決定」**です。

佐々木　グーグルの会長を長く務めたエリック・シュミットも、**「カオスの中で判断することにより、人材がもっとも成長する」**と言っています。

塩野　**カオスの中で意思決定することを快感ととらえられる人間が伸びるのだと思います。**

佐々木　そうした層は、答えのある正解探しがうまい受験エリートからは生まれにくいですよね。むしろ、落ちこぼれのほうがいいのかもしれません。

塩野　そもそも、受験勉強のよさとは、机の前に長く座れる能力を身につけられることです。漫画『ドラゴン桜』にも書いてあるように、「歯を磨くように勉強せよ」という習慣化です。語学も一定レベルに達するまでアスリートのように基礎を繰り返すことが近道ですよね。どんな学習でも一定レベルまでは物量で決まりますので、マシンのように一気に物量を上げて、そのうえで、創造性に飛ぶことが必要です。

例えば、コンサルティングの奥義は何かと問われたら、ロジカルにデータなどのファクトを積み上げに積み上げて、最後に飛ぶことです。**最後は、人にとって不確定な未来を明確に語ることが奥義**だと思っています。

クリエイティビティについても、やはり最初の物量、つまり大量のパターン認識がなくては新しいものは生まれないと思います。誰かに成り代わって演技をする役者は、想像力と経験を使って役柄を作ります。**ビジネスパーソンも、見たことのないカオスな状況に対しては、想像力と経験でパターンを組み合わせて対処するしかありません。**

佐々木　**今の日本の教育では、「カオスの中で判断する」という経験を積みにくい。**塾に行って、偏差値を上げるだけでは不十分になってきています。

塩野　受験勉強は暗記方法や計算方法などベーシックな能力は培うと思いますが、それ以上ではありません。やはりそこで燃え尽きずに、**社会に出た後の膨大な変数の中で優先順位を付け、構造化し、異分野をアナロジーで理解することなどが必要でしょう。**

家長か、放蕩息子か

佐々木　ずいぶん前から、「受験勉強的な正解探しではダメ。課題解決能力ではなく、課題設定能力が大事だ」と言われ続けていますが、いっこうにその能力がつきません。

塩野　そうですね。ただ、先ほどの受験勉強的な量をこなす勉強も無駄ではなくて、**量が質に変化する**のだと思います。それがイノベーションだと思います。

佐々木　よく人に、「新しいアイディアをどうしたらたくさん出せますか?」と聞かれますが、私の場合は完全に物量派ですね。とにかく情報量を増やすことです。

情報や人脈が多ければ多いほど、つながりが生まれてアイディアが生まれます。多作で知られる秋元康さんもとにかく物量だそうです。あれだけ忙しいのに、しっかり、2ちゃんねるまで読んで、情報収集しているそうです。

塩野　**物量のほかに大事なのは、型作りとメタ認知ですね。**日本の武道には、「道」に「守破離」という考え方がありますが、まずは「型」をつくり、次に「型」を破り、最後に「型」から離れて自由自在になる。メタ認知も対象から離れて俯瞰するから、関係性や見えなかったつながりを見ることができる。自分中心なだけでは見えないものがあります。

佐々木　そうしたアイディア創出や課題設定能力を高めるためのノウハウを体系化することが求められています。日本にはこれだけ人口がいるのに、課題発見ができる人に出会うことが本当に少ないですから。

塩野　世界を見渡せば、権威主義国家によるリベラルな民主主義国家への主権侵害など、これから国際秩序は大きく揺れ動くことでしょう。そのときに、**深く考えられない人たちは、想定外のことが起こると、「われわれは騙された」と言うと思うのです。**

先の戦争中にも、知識人の間で同じようなことが起きて、「われわれは騙された」と言った人が結構いたのです。加藤周一が批判しているように、戦時中は戦争を支持していた武者小路実篤が戦後、「自分は騙されていた」と述べたのが典型例です。騙されたという発言は、知識人としての責任を放棄しています。自分をエリートだと考えている人たちは、深く考える義務があります。

佐々木　結局、**考え抜けていないのは、生き物として全然切羽詰まっていないからだと思います。**口では危機だと言っても、目の前には、普通にある程度幸せな生活がありますからね。

よくメディア業界の人から「われわれの会社はどうすればいいのでしょうか」と聞かれるのですが、そんなの部外者の私にわかるわけがありません。「こういうアイディアがあるのですが、どう思いますか」という質問ならわかるのですが、答えを丸投げで求めてくる人に会うたびに、「何も深く考えていないんだな」「実は今に満足しているんだろうな」と感じてしまいます。

塩野　ちょっと見方を変えて、社会の中に、昔の高等遊民のような存在を作るのはどうですか？　昔で言うと、旧制高校や帝国大学を出て、教養もあるけれども、あまり働かない人たちです。そういう人達に深い知見を蓄積してもらう。

佐々木　高等遊民と言うと、夏目漱石の『それから』に出てくる主人公を思い浮かべますが、高等遊民は自由なようで、コンプレックスに満ちていますよね。世の中の役に立たない、負け犬という雰囲気があります。

塩野　『それから』の長井代助ですね。代助のような高等遊民は負け犬だったんでしょうか。

佐々木　そういう面はあると思います。だって、役に立たないわけですから。恋愛とか、不倫とかに明け暮れて。もちろんそこには深い、普遍的な悩みがあったからこそ、文学作品として読み継がれているわけですが。

塩野　フランス語、ドイツ語や哲学などにのめり込む人もいましたが、放蕩系もいますね。

佐々木　猪瀬直樹さんは、日本の文学には、太宰治の放蕩息子系の系譜と、森鷗外の家長系の流れがあるけれども、現代は放蕩息子ばかりになってしまったと言っていますが、そのフレームワークは説得力があります。

森鷗外は、軍医を務めながら、名作を生み出し、晩年は国家の象徴とも言える元号の研究に力を注いでいます。時代的なものも大きいですが、国家を背負っている感があります。「自分が遅れたら、日本が遅れてしまう」という緊張感と責任感がすさまじい。そんな人はもう今の日本にはいなくなってしまいましたね。

ザッカーバーグの教養

佐々木　**今の日本のリーダーは過去に比べても物足りませんが、残念ながら、海外と比べても**

塩野　**やはり劣っていると思います。**私の『米国製エリートは本当にすごいのか?』という本で日米のエリート比較をしましたが、米国のエリートも見掛け倒しのところはたくさんあります。しかし、総合力で見ると、圧倒的に米国製エリートのほうが優れています。

２０１７年の世界では、習近平であれ、プーチンであれ、トランプであれ、マッチョ系の国家リーダーが国際秩序を決めようとしていますよね。混沌とした現在は万人による万人の闘争状態に入ってきています。政策の是非を別にすると、**独裁的リーダーが向いている時代**なのだと思います。

こういう時代に国際社会に出ていって、マッチョなリーダーたちと交渉して、何かを得て帰ってこられるか。自分たちの持っている価値を侵害してくる脅威と戦い、自国の価値を守ることができるか。そのための立ち位置と能力がリーダーには求められています。

佐々木　リーダーと言うと、代表的な存在は政治家と経営者ですが、**日本と海外の政治家、経営者には明らかに差がありますよね。**

塩野　**差はものすごくあります。**

佐々木　とくに経営者の差がすさまじい。具体的な経営能力もさることながら、大前提となる**「ミッションを創る力」に大きな差を感じます。日米のスタートアップを比べたとき、一番の差はミッションだと思います。**米国の一流のスタートアップは、深く練られた普遍的なミッションを掲げています。アマゾンは「地球上でもっとも顧客志向の会社」と掲げて、顧客が欲しいものが何でも見つかる場を作ると宣言しています。一言で言うと

「Everything Store」ですね。

塩野 フェイスブックのマーク・ザッカーバーグのような起業家たちは「Make the world a better place」と言っています。

佐々木 フェイスブックは最近、企業のミッションを変えたことも話題になりました。「making the world more open and connected（世界をよりオープンでつながったものにする）」から、「give people the power to build community and bring the world closer together（コミュニティ作りを応援し、人と人がより身近になる世界を実現する）」へと、よりコミュニティを意識したものになりました。

フェイスブックによって世界中がつながったものの、社会は分断しており、フェイクニュースなど新たな問題も浮上してきた。単につなげるだけでなく、いいコミュニティを作る手助けをしなくてはフェイスブックが社会の役には立たない——そういう問題意識を抱いて、ミッションを変えています。

こういう問題が浮上した場合、多くの日本企業は、具体的な機能の変更といったミクロの対応から始めます。しかし、**フェイスブックの場合は、ミッションという戦略の大本を変えたうえで、それに合う形で具体的な戦略や機能を変えていく。**

結局、**ミッションを描く力は教養に大きく依存します。ザッカーバーグは一見、コンピューターオタクにも思えますが、実際は、文理を横断した深い教養を持っています。**

彼は2015年からブッククラブを主宰していますが、そこで勧められている本は良書ばかりです。第1回目で取り上げられている『権力の終焉』（モイセス・ナイム著）は

マーク・ザッカーバーグが薦める23冊の本

書名	著者
歴史序説	イブン＝ハルドゥーン
国家はなぜ衰退するのか	ダロン・アセモグル、ジェイムズ・A・ロビンソン
繁栄	マット・リドレー
最底辺のポートフォリオ	ダリル・コリンズほか
国際秩序	ヘンリー・キッシンジャー
ピクサー流　創造するちから	エド・キャットムル、エイミー・ワラス
宗教的経験の諸相	ウィリアム・ジェイムズ
科学革命の構造	トーマス・クーン
サピエンス全史	ユヴァル・ノア・ハラリ
無限の始まり	デイヴィッド・ドイッチュ
暴力の人類史	スティーブン・ピンカー
ゲノムが語る23の物語	マット・リドレー
権力の終焉	モイセス・ナイム
世界の技術を支配する ベル研究所の興亡	ジョン・ガートナー
ヤバい社会学	スディール・ヴェンカテッシュ
ゲーム・プレイヤー	イアン・M・バンクス
エネルギーの不都合な真実	バーツラフ・シュミル
儀式は何の役に立つか	マイケル・S-Y・チウェ
The New Jim Crow	Michelle Alexander
Dealing with China	Henry M.Paulson,Jr.
On Immunity:An Inoculation	Eula Biss
The Three-Body Problem	Cixin Liu
Orwell's Revenge	Peter Huber

注）書名が英語のものは未邦訳

塩野　ぜひ日本のみなさんにも読んでほしいです。私も何度も読み返しています。

佐々木　プーチンにもある種の天命感があります。KGB（ソ連国家保安委員会）の一エージェントであった人が、大統領にまでなり、もしかしたら皇帝のようになれるかもしれないわけです。これは天命を感じるでしょう。プーチンには過去に大国であったロシアの名誉回復や失地回復を自分が行うのだという、天命感が感じられます。

塩野　**天命というのはキーワードですね。**ザッカーバーグにも天命感があるはずです。ハーバードの寮で気軽に始めたフェイスブックが、こんなにも力を持ってしまった。これだけの力を与えられたからには、世界のためによいことに使わなければ、という誰も想像がつかないプレッシャーを感じているはずです。このパワーによって世界をよい場所にできないとまずいぞという天命を感じているはずです。

佐々木　それは、いい天命ということですよね。

塩野　いいほうです。

佐々木　プーチンは、国家のために使う。

塩野　そうですね。自らの持つ強大なパワーを、システマティックに抑制しようとしたのは、グーグル創業者のラリー・ペイジとセルゲイ・ブリンです。**グーグルはすごいパワー（権力）を持ってしまうと思ったときに、「Don't Be Evil」という戒めを入れたわけです。**これは、ある種の恐怖から生まれたものでしょう。自分たちがパワーを持ったときに、ダークサイドに落ちる可能性があるという恐怖から書いたのだと思います。その後、

佐々木　グーグルの持株会社アルファベットは「Don't Be Evil」を省いてしまいましたが。

塩　野　グーグルほどの力を持つと、いくらでも悪用する誘惑があります。

佐々木　そうです。その誘惑に負けたのが、ウーバーですね。数年前には社内で顧客の乗降記録に社員がアクセス可能だったことが問題になりました。２０１７年には社内でセクハラが横行していることが、元エンジニアの女性によるブログ記事で世間に知れ渡りました。成長期のベンチャー企業はトップのモラルと規律が企業文化を規定します。

塩　野　ザッカーバーグはモラルがしっかりしていますね。

佐々木　奥さんからの影響はすごくあると思います。奥さんは移民の子どもで中国系米国人です。

塩　野　今は小児科医をしていますね。ご両親はベトナムからの難民で、ボストンで中華料理店を始めて、働きづめの毎日だったそうです。そうした両親の苦労を見ているだけに、浮ついたところがありません。ハーバード時代にザッカーバーグと知り合い、９年の交際を経て、２０１２年に結婚。３回の流産というつらい経験を経て、今は二人の子宝に恵まれています。ザッカーバーグは大富豪であっても地味な生活を送り、また自身の持つフェイスブック株式の99％を寄付するというのは、なかなかできることではありません。

佐々木　そうですね。ユダヤ人であるという出自も影響していると思います。

塩　野　父親は歯科医、母親は精神科医というお医者さん一家ですね。

佐々木　私は子どもの頃、ニューヨークに住んでいたのですが、ザッカーバーグの父親の歯科医院は、同じウエストチェスター郡のドブス・フェリーというハドソン川沿いの街にあったようです。

国家観と天命感

佐々木　ザッカーバーグには確かに天命感がありますが、**昔の日本のリーダーにも天命感はありましたよね。**

塩野　めちゃくちゃありました。

佐々木　西郷隆盛は、天命だけで生きていた感じすらします。

塩野　明治維新のときは、「このままでは欧米列強にやられてしまう。俺がやらなくてどうする」という天命感があったことでしょう。

佐々木　今の日本のように天命を感じるリーダーが少ない中で、各国の天命を背負った国家リーダーたちとやり合うのは至難の業です。

塩野　それは今のままの平和が永遠に続くと思っているわれわれにとって、もっとも大きな問いでしょうね。

佐々木　そういう意味では、安倍さんは、国家に対してというより、安倍家に対しての天命はあるかもしれません。

塩野　海外で安倍首相は各国首脳に見劣りしません。ウラジオストクでプーチン大統領、韓国のムン・ジェイン（文在寅）大統領と安倍首相がプレゼンテーションするのを見ましたが、安倍首相が一番よかったです。G７など国際舞台においても長期政権であるのは極めて大きな力でしょう。ただ、一人の教養あるリーダーとして、西洋的教養のみならず、東洋的教養も備えて、交渉相手に皮肉のひとつも言えるかという点ではどうでしょうか。

塩野　昔のリーダーで言うと、福澤諭吉は漢文に精通しており、当初は蘭学を学び、その後は西洋思想を体得しています。そうした教養ある思想的なリーダーがいました。

佐々木　戦後も、安岡正篤《まさひろ》のような教養人が政治にも影響力を発揮しました。

佐々木　塩野　晩年は細木数子につかまってしまいましたが（笑）。

人はやはり老いるということですね。安岡正篤の優れていたところは、東洋古典の教養を基に、現実の問題を読み解くことができたことです。

佐々木　それに比べて今は人々の読み解きの浅さが目立ちます、リーダーには深みがあってほしい。**外に出して恥ずかしくないリーダーとは、パブリックマインドとプロフェッショナリズムを持った尊敬される人です。**そういう人を世界に出したい。

今の日本の教育には、パブリックマインドもプロフェッショナリズムの要素もほとんど入っていません。そうすると、学校に期待できない以上、やっぱり家庭教育しかないのでしょうか。家庭教育でパブリックマインドを持て、プロフェッショナリズムを持てと教育するのもなかなか難しいですよね。

塩野　受験で人生の勝ち負けを語る今の家庭からは全く想像できないです。

佐々木　そうすると、いい意味でのエリート意識、使命感を育む場所はどこにあるのでしょうか。大学で言うと、早慶レベルの学生はエリート意識が最初からないですよね。あるのは唯一、東大ぐらいでしょうか。ただ、東大でエリート意識を持っている人も、リーダーとしてというより、官僚として国のために頑張るというレベルのように感じます。

塩野　日本における学校名、学歴に起因するエリート意識と天命感とは全く異なるものであり、関係ないということです。やっぱりハングリーとノーブルですよ。

佐々木　ハングリーさとノーブルさに根付いた天命感は、国家に対する意識なしに出てくるものですか？

塩野　国家に対する意識というのは、偏狭なナショナリズムではなく、背負っている感ですよね。当事者意識でもあります。

佐々木　そうです。まず政治家は、その意識がないと話になりません。一方、企業リーダーに関しては、**「経済がグローバル化して国家を超えている時代に国家は関係ない」という人も増えているのですが、どうもそうは思えないのです。**企業リーダーが何らかの天命、心から信じるミッションを持つためには、国家観が必要ではないかと。

塩野　現象から言うと、企業にもお国柄の〝らしさ〟が出ますよね。パナソニックは日本的ですし、GEはアメリカ的ですし、ネスレはスイス的です。

一方で、企業が多国籍化する中で、組織を束ねるクレド（信条）が必要になってきています。企業のトップは、「あの人が言うミッションは嘘じゃない」という理念を示し続けないといけません。

例えば、先日、グーグルで女性差別発言をした従業員が解雇されましたが、グーグル

佐々木　としては、正しい決断だったと思います。行動綱領において経営陣が言っていることと行動が伴わないと、「嘘を言っている」ということで信用が棄損していきます。

　嘘をつかないことはリーダーの大きな資質です。別の論点ですが、日本の大企業はトップの名前と顔がなかなか浮かびません。その是非は議論がありますが、現在の経営環境は、顔が見える経営者の強いリーダーシップを欲していると思います。

　それは明らかですね。

「チャレンジ童貞」が増えている

塩　野　あれだけ就活生は三菱商事や三井物産に入りたがるわけですが、就活生に「社長の名前を知っている?」と聞くと、誰も知らないのです。
佐々木　**日本の人たちは、システムに就職しているわけですね。**
塩　野　そう。システムの一部になりたい。システムに組み込まれたいんです。
佐々木　会員クラブに入りたいっていうことですよね。
塩　野　会員ほどの個もないです。会員はあくまで個ですから。
佐々木　日本では普通に生活していたら、個は持てないですよね。私はよくメディア人に講演するときは、「メディア人はプロフェッショナルな仕事。極端に言うと、会社なんてどうでもいい。会社より個人、個人より社会」と話すのですが、ポカーンという反応が大半です。

塩野さんからは、個を感じますが、個を確立できたのは、幼少期をアメリカで過ごしたり、外資系やベンチャーで働いてきたり、海外に留学したりした経験が大きいのでしょうか？

塩　野　私にそんなに個があるような感じがしますか？　あまり自分で個があるように思えないのですが。

佐々木　私から見ると、あると感じますよ。

塩　野　自分の中では、みんながやらないから仕方なくやっている感じです。本当はもっとまったりしたいのに、みんなが決めないから決めるし、みんなが言わないから、自分が立ち上がって言わないといけない、という感じです。

佐々木　優秀な参謀タイプということですかね。

塩　野　そういう役割のこともあるのですが、参謀タイプでもないです。実は、私はリーダーのほうが楽です。誰かを忖度《そんたく》してアシストする必要がなく、自分でパパッと決められますから。自分で決めて「全責任は自分」というのが楽なんです。

佐々木　確かに。ライブドア時代に堀江さんにつくのは大変だったでしょうし（笑）。それに比べたら、自分がリーダーのほうがいいと。

塩　野　そうですね。自分で決めて自分で責任を取るほうが楽だと思います。誰かを納得させたり、情報量を十分にする必要がないじゃないですか。よって、リーダーのほうが容易とは考えられないでしょうか。

佐々木　では、なぜリーダーが容易なのにもかかわらず、リーダーになりたがる人が少なくな

塩野　つたのでしょうか。言い換えると、**なぜ責任を取りたがらなくなったのでしょうか。**

それは、「幽霊の正体見たり枯れ尾花」だと思っています。**幽霊なんていないのに、枯れたススキを幽霊かとおそれてしまう。**失敗して責任を取らされたら、何か大変なことになってしまうのではないかと、過剰に縮こまっている気がします。

実際には、**「たかがビジネス」の話です。つかまることはありますが、別に死にはしません。**たいていは国防の最前線でミサイルのボタンを押すような役割ではありません。

佐々木　ビジネスで、そんなに失うものがありますか、と問うべきです。

失敗しても、最悪、会社を辞めればいいと、なんで多くの人たちは思えないのでしょう。

塩野　一回でも転職すると、そう思えるようになるんですけどね。人生初めての転職はそう思ってしまいがちです。

佐々木　経験がないことは、とてつもなく大きなことに見えてしまうのでしょうね。私は、チャレンジや新しいことを過剰におそれる人を「チャレンジ童貞」と呼んでいますが、**今の日本は「チャレンジ童貞」だらけです。**

塩野　そうした過剰なおそれが、ビジネスパーソンの武勇伝やレジェンド話が小粒になっていった理由だと思います。大きなチャレンジをしたり、成果を出したりする人が減ったのは、豪放、豪胆に責任を取る気概のある人がいなくなったことが大きい。

「お前、死ぬ気でやってこい。責任は全部俺が取る」みたいなセリフには、やっぱりレジェンド感があります。田中角栄も「すべての責任はこのわしが背負う」と言いました。

しかしながら、「頑張ってね。でも、俺は責任取らないから」というセリフにはレジェンド感がかけらもありません。

佐々木 単純に責任を取ることや、チャレンジすることが得ではないんでしょうね。昔の伸び盛りのころは、豪放磊落《らいらく》にリスクを取っても、結果として成功する確率のほうが高かった。でも今は、最初にかっこいいセリフを吐いても、高い確率で失敗して、レジェンドにならずに忘れ去られてしまいます。

昔の日本人はハングリーだった

佐々木 そこで問われるのが、倫理。言い換えると、美意識です。**損得ではなく、自分の美意識として、これは許せない、これは絶対に貫き通したい、そうしたこだわりがあるかどうかが、生き方を分けるように思います。**

塩野 その通りです。その意味では、日本人は美意識にあふれた国民性を持っていると言われています。例えば、人類学者のレヴィ＝ストロースは、日本人には細部までの妥協なき美意識が遍在していると言っています。

美意識と少しズレるかもしれませんが、ベンチャー精神という点でも、**今の日本人が挑戦していないだけで、過去の日本はベンチャー魂にあふれていました。**

ナイキ創業者のフィル・ナイトの自伝『SHOE DOG—靴にすべてを。』を読むと、日本と日本人の話ばかり出てくるのです。当時のフィル・ナイトにとって、日本はベンチャーの象徴だったんです。

戦後、日本人がドイツのカメラを追い出して、カメラ市場を席捲《せっけん》したように、日本人に靴を作らせたらすごいものができるのではないか、というのが彼のビジネスアイディアでした。彼は軍で働いた後に会計士になったのですが、スタンフォードのＭＢＡのときに、日本で靴を作るという事業計画を立てるんです。フィル・ナイトは、日本とビジネスするアイディアをあきらめられなくて、日本という国に行ってみたいと両親に告げます。お母さんからは、「この前まで戦争していた国に行って、殺されたらどうするの？」と言われるのですが、それでも行くんです。

佐々木 その後のストーリーは、日本人とのやり取りばかりです。すごく面白いのが、彼の会社をうまくはめて買収しようとしたり、彼を騙そうとするのは全部日本人なんですよ。当時の日本人たちは、それくらいハングリーだったんです。当時の日本人にとって、アメリカ人は騙してやる対象だったんですよ。

塩野 今となっては、信じられないですね。

本の最後のほうに、功なり名を遂げたフィル・ナイトに、アメリカの大学生が「アメリカはどこに向かっているのか？　社会は、子どもたちの未来にとって悪い方向に向かっているのか？　どうしたらいいのか？」と質問するのですが、ナイトは「私が話すのは、１９６２年に見た荒廃した日本だ。がれきや廃墟から賢い人間が生まれたのだ」と答えるのです。面白いですから、ぜひ読んでください。私は若者の冒険譚として読みました。

佐々木　彼の狙い通り、アディダス、プーマといったドイツ勢が支配していたシューズ市場を、ナイキは、オニツカ（現アシックス）、日商岩井とのタッグでこじ開けていきました。

先日、オレゴン州ポートランドのナイキの本社に行ってきたのですが、そのどでかさとともに感銘を受けたのが、歴史を大事にしているということです。入り口には、歴史を紹介する展示とともに、ナイキヒストリーを紹介するシアターがあって、その日も、日本からの修学旅行生がやってきていました。

本社の設計にも、一部、日本風のデザインを取り入れたり、日本との縁を今もとても大事にしているんだなと感じました。今は逆に、フィル・ナイトからわれわれ日本人がベンチャー精神を教えてもらう番かもしれませんね。

塩野　そうですね。**日本という国がベンチャーだったときは、企業がベンチャーであり、個人もチャレンジャーだった。そのときの楽しさと攻撃性を失った日本と日本人と日本企業が、今一度リセットして立ち上がれるかどうか**だと思います。目の前に危機が迫っているわけですから。

佐々木　それにしても、時代というのは本当に大きいですね。昔の日本企業も村社会だったわけですが、企業自体が成長していたので、いろんな新規事業も生まれて、企業村の中でも成長するチャンスがいっぱいありました。

塩野　それを如実に表しているのは、企業人と会食すると、「うちの何々さんはレジェンドで」と話す伝説が昔に比べてどんどん小さくなっているということです。レジェンド話のスケールが小さくなってきているのです。働き方改革が進むと、たぶん、もっと小さくなると思います。

佐々木　昔の成長期の日本は、サッカーで言うと、欧州チャンピオンズリーグに出て、決勝トーナメントに進んで、世界のトップクラブとガチンコで戦っていたわけですよね。先日、NewsPicksで、ソニーの知財マフィアのトップと呼ばれている伝説の人物、御供《みとも》俊元さんのインタビューを掲載したのですが、話のスケールがとにかく大きい。

塩野　あの世代は世界に対してチャレンジャーだったんですね。やるかやられるかの勝負をしていたわけです。

佐々木　ジョブズとやり合った話などが普通に出てきて、登場人物が豪華。そんなに遠くない昔の日本企業は、世界においてそんな存在だったんだと思うと、ちょっと悲しくなってきます。

日本の経営者は教養レベルが低い

佐々木　**日本人は、漠然とした不安をもっと言語化して、チャレンジすることによって本当に失うものがあるのか、是が非でも守るべきものは何なのかを再認識しないといけません。**

塩野　安全とか、おいしい水とか、今の日本人が当たり前のように享受しているものすべてを所与とせず、脅威から守るべきです。

佐々木　一方で個人のキャリアにおけるリスクは乏しい。

塩野　キャリアという観点なら、失うものは全然ないですね。

佐々木　今後は人がどんどん減るばかりですので、働く側に有利な市場になっていく。

塩　野　**人手不足で働き口はどこにでもあります、リスクは全然ないですよ。**

佐々木　でも、その認識は共有されていないんですよね。

塩　野　日本近海の安全保障環境、少子高齢化など今そこにある危機について語っても、「また煽っているだけでしょう。私たちには関係ない」と言う人が多いです。

佐々木　一部の先進的な企業を除くと、日本の大企業で働いていると、牧歌的な雰囲気が日常に流れているのだと思います。世界の動向とあまり関係なく、みんなで食堂に行って、平和な生活をしている。セキュリティ面のリスクはみなさん感じていないと思います。

塩　野　食堂といえば、日本の食料自給率は38％（2016年、カロリーベース）で、輸入品のほぼすべてが海上輸送されています。また、日本は原油の9割をサウジアラビア、UAE、イラン、カタールといった中東諸国からの輸入に頼り、その8割はマラッカ海峡を通って日本に運ばれています。マラッカ海峡にはテロ・海賊のリスクがありますし、近年はマラッカ海峡から1400km圏内の南シナ海・南沙諸島に中国が軍事目的に利用可能な構造物の建築を行っており、将来的にシーレーンへの影響が懸念されています。

佐々木　中国の海洋進出は、日本にとって大きな脅威です。

塩　野　100年計画ですからね。

佐々木　ただ、普通の人にはそのあたりのリアリティはほとんどないと思います。

塩　野　そうした意識を高めるためにも、**次の世代には、安全保障や国際政治を深く議論できる論客が大量に必要です。**中国のように領土的野心を隠さなくなった新興国によって旧来の世界秩序、ヴェストファーレン体制が揺らいでいるのが現状です。

佐々木　今の若い世代では、三浦瑠麗さんがメディアで目立っていますが、世界に影響を与えられるシンクタンク、つまりチャタムハウス（英国のシンクタンクである王立国際問題研究所）やCSIS（米国のワシントンに拠点を置くシンクタンク）のようなものやCFR（外交問題評議会）の出しているフォーリン・アフェアーズレベルの国際政治の論壇が一般人向けに求められています。

塩　野　今は三浦さん以外に思いつく若手の論客は、慶應大学の細谷雄一教授くらい。国際政治の論壇は壊滅状態です。

佐々木　私が人材面でなぜ危機感を持っているかというと、日本の企業経営者のグローバルな視点に不安があるからです。元自衛隊幹部の安全保障の専門家の方と話したときに「財界人と話してもレベルが低くて、もう講演を頼まれてもやりたくない。安全保障というと、日米以外の話が出てこない。世界全体の論点がどこにあるか何もわかっていないんだよ」と言っていたからです。

塩　野　**日本の財界は、本当に教養レベルが低いですよね。**自社のビジネスと、日本経済、歴史小説、ゴルフ・野球の話がせいぜいで、安全保障、国際政治、哲学の分野を深く語れる人は希少です。

佐々木　日本企業でも、グローバルに事業展開と資金調達をして、輸出入を行っていて、エネルギーを使っていれば、最低限の安全保障の知識は必須です。

商社のトップとなると、さすがに国際情勢について造詣が深いですね。三井物産の安

塩野 永竜夫社長と、三菱商事の垣内《かきうち》威彦《たけひこ》社長にインタビューしたことがありますが、自社を超えた問題意識の広さと深さを感じました。

商社にとって、資源・エネルギーは死活問題ですからね。国際金融においては国際協力銀行の前田匡史《ただし》副総裁もグローバルな人脈と深い知見があります。

佐々木 **竹中平蔵さんも、日本の政界、官界、財界でどこが一番ひどいかというと、財界だと指摘していました。**志も乏しいし、勉強もしていない。結局、自分の会社のことしか考えていないので、日本全体のためにプラスになる改革でも率先して反対すると。

塩野 でも、それは、日本に限らずだと思います。

人種的な問題や、男女の平等など、普遍的価値観の関連するイシューにどれだけ本気で取り組むかは、企業によってかなり濃淡があります。今、何がイシューなのかという理解力が日本企業に足りないことが心配です。

佐々木 経済活動が国を超えている以上、企業が国益を考えるのは時代錯誤なのかもしれません。それだけに、**国を超えた普遍的な価値観と向き合うことが必要**だということですね。

以前、オリックスの宮内義彦シニアチェアマンにインタビューした際、「国のことまで考える経営者は、僕が最後なのかもしれない」と言っていました。時代として、グローバル化が進み、株主からのプレッシャーも高まり、経営者は自社の経営に精いっぱいという状況の中で、国の規制改革委員会などにわざわざ時間を割いて、周りに恨まれてでも改革を進めようという人はもういないのではないか、と嫌味ではない感じで言っていました。

日本の東海岸と西海岸

佐々木　**日本にも大局的なリーダー、経営者を生み出すには、海外との交流はもちろんですが、まず東京自体をもっとダイナミックにする必要があります。**東京は広くて多様な割に、異物の融合があまり起きていません。

私はよく、東京には西海岸と東海岸があると言っています。西海岸は、渋谷、恵比寿、六本木などを中心としたスタートアップやＩＴに強いエリアで、東海岸は丸の内、大手町、霞が関などを中心とした、エスタブリッシュメントが集うエリアです。

これまでは、大企業からスタートアップに流れる人はいましたが、今後は塩野さんのように西海岸から東海岸に行く人も増えると面白い。

塩　野　**これからの若いエリートはパブリックマインドを持って、西と東を行き来するリボルビングドアのキャリアを築ける人がいるといい**ですね。

佐々木　今は本当に少ないですから。

塩　野　難しいなと思うのは、若いうちに官僚を辞めて、志を持って政策シンクタンクを作った人たちが、あまり活躍していないということです。

佐々木　日本では、独立系で影響力を持つのが極めて難しい。そもそも、経営を成り立たせるだけで至難の業です。

塩　野　ファンディング（資金調達）ができている日本財団や系列の東京財団、そこから派生

西海岸と東海岸のカルチャーの違い

	西海岸	東海岸
中心地	渋谷・六本木	丸の内・霞が関
憧れの人物	ホリエモン	新浪剛史
服装	Tシャツ	スーツ
目標	起業	出世
PC	マック	ウィンドウズ
価値観	自由礼賛	ルール重視
主義	進歩主義	保守主義

したシンクタンク、あとはRIETI（経済産業研究所）のような役所系のシンクタンクが中心です。

もうひとつ別の問題は、政界に限らず、日本はアイディアや知恵に対してお金を払わないことです。いくら優れた政策パッケージを作ってくれる優秀な人がいたとしても、その人たちにお金を払う人はなかなかいません。

佐々木　日本には、霞が関という最大のシンクタンクがあるため、そちらを活用したほうが効率的ですよね。

塩　野　それに加えて感じるのは、日本の官僚は、財務省でも検察でも、辞めた後まで役所時代の序列が温存されるということです。**官僚を辞めるときのランクが重要で、ある程度の地位を得た後に辞めないと、外に出ても影響力を行使できません。**

佐々木　シンクタンクとは異なりますが、官僚出身でもっとも成功しているのは、佐藤優さんですね。

塩　野　佐藤優さんは日本に新たな論壇を創造しました。彼が外交官から文筆家に転身したことは、本読みにとっては収穫だったと思います。

佐々木　あれだけの執筆量をもう10年以上続けているのですか

塩野　ら、驚異的です。
結局、**多作であることが持続性につながるんです。**文筆家は早くたくさん書けないと成り立たない仕事ですから。

佐々木　ピカソも多作だったそうです。

塩野　レンブラントみたいに工房で弟子が大量生産し、作品数が数倍になっているようなビジネスモデルもあります。

佐々木　政策でも、個人に依存せず、ある意味でシステム化されたクリエイティビティ。できないものでしょうか。大金持ちが100億円くらい出せば、システマティックに政策を出せるようなシンクタンクができるはずです。100億円出せる金持ちは日本にも結構いますよね。

塩野　佐々木さんが所属しているユーザベースが、ユーザベース総研をつくったらどうですか。

佐々木　まだ成長途上ですから、そんなお金はありません（笑）。

塩野　でも、なぜ誰も手を出さないんでしょうか。

佐々木　結局は、ハングリー&ノーブルのところに返ってきて、**身銭を切ってまで社会のために何かをしようというパブリックマインドがないのではないでしょうか。**

塩野　**パブリックマインドは、既存のシステムやプラットフォームがあるおかげで自分が成り立っているという感覚がないと生まれません。**
その典型が大学への寄付です。慶應大学の三田会や早稲田大学の稲門会のように、大学のOB・OG会や人脈のおかげで得したと思うと帰属意識も出てきて、プラットフォームの利用に対するショバ代を払う気になるんです。

佐々木　一方、東大の先生が言っていたのですが、「東大生は、自分は別に大学の世話になっていないし、今の地位は自分の才能と努力で手に入れたから、大学に感謝する必要はない」と思う人のほうが多くて、寄付が集まらないそうです。

ナイキのフィル・ナイトは、スタンフォードに感謝しているからこそ、あれほど莫大な寄付をするのでしょうね。２００６年には1億５００万ドルを寄付して、自分の名前を冠したビジネススクールの新校舎を作りましたし、２０１６年には、新しい奨学金プログラムのために4億ドルを寄付しました。

塩　野　もちろん、採用面でのプラス効果など、戦略的な面もあるでしょうが、心から感謝していないと、ここまで巨額な寄付はできません。

フィル・ナイトは天命感があって、その天命に導いてくれたスタンフォードに感謝しているのでしょう。フィル・ナイトのセリフで好きなのは、「俺にナイキがなかったら、オークリーのサングラスをかけた、ただのしょぼくれたおじさんだ」という言葉です。

佐々木　かっこいいこと言いますね。

塩　野　繰り返しになりますが、天命なんですよ。義理人情に厚いフィル・ナイトは、スキャンダルで落ちぶれたタイガー・ウッズをいつも擁護しています。ナイキの成長を支えてくれた恩を忘れていない。

フィル・ナイトに不幸があったときに、最初に連絡をくれたのがタイガー・ウッズだったそうで、今、タイガーがいろんな人に批判されているのが耐えられないと。

佐々木　**男らしい。世間の意見にあらがってでも、自らの信念を貫く人こそがノーブルですよ。**

全能感に食べられる人たち

佐々木　天命感を持ち、ハングリー&ノーブルに生きることは一瞬できたとしても、それを続けることはさらに難しい。ちょっと懐かしい名前ですけど、ハングリー&ノーブルと聞いて、私は一時期の木村剛さんを思い浮かべました。日銀出身で小泉改革の中心人物となった人で、日本振興銀行というベンチャーを設立し、国士のような存在感をたたえていました。学生時代に彼の本を読んで、こんな人がいるのかと、衝撃を受けたことを覚えています。今、振り返ると、彼は単なるトリックスターだったのでしょうか。

塩野　木村氏とは何度かお会いしたことがあります。ジャーナリストの高橋篤史さんが書いた『凋落 木村剛と大島健伸』という本はとても面白いですよ。同書によれば木村氏の設立した日本振興銀行の債務超過額は6700億円。想像ですがハングリーでノーブルだったのが、次第にハングリーが上回ってしまい、全能感を持つようになってしまったのかもしれません。全能感に満たされて、全能感に自身が食べられてしまったんです。

佐々木　「全能感に食べられる」というのは絶妙な表現ですね。商工ファンドの大島健伸さんと組んだことも過ちでした。**ハングリー&ノーブルを兼備するだけでなく、そのバランスも大事なわけですね。どちらかが増幅すると、全能感に食べられてしまう。**

塩野　ハングリー&ノーブルに生きるのは本当に難しい。

佐々木　ハングリー&ノーブルを両立しているスタートアップ業界の企業や経営者はなかなか思いつきません。

塩野　正直、あまりいないですね。グリーの創業メンバーである山岸広太郎氏が慶應大学発のベンチャーキャピタル、慶應イノベーション・イニシアティブを設立し、トップに就任したような例くらいでしょうか。起業に成功して、より公益を目指している。大学の研究成果を社会に実装することを目的にしているベンチャーキャピタルです。20代の起業家は増えていると思いますが、社会課題を真正面から解決しようというものはないですね。どうしてもカジュアルなアプリ開発が多い。

佐々木　まだ経営陣は若いので、最初に儲かるサービスを作って、次にやりたいことをやろうというようなイメージでしょうか。

塩野　それに近いと思います。割とアメリカンな発想ですね。アメリカのヒップホップでも、札束を積み上げて「イエーイ!」というポジティブな歌はすごく多い。ギャングスタ・ラップなどは、大体がお金儲けか、恋愛か、母親への愛の話ですから。そういうストレートな歌は日本にはあまりないですが。

佐々木　確かにそうですね。

塩野　40歳を超えるなど、ひとつの年齢的切れ目に達すると自分の仕事人としての人生を意識します。自分の仕事人生を振り返って「こんなものかな」と思うか、運よく地位を得て「この業界でここまで行ったなら、これをやり遂げたい」とプチ天命を感じ始める人もいます。**しかし、若い時期にお金を手に入れて、周りにもちやほやされてしまうと、**

ハングリー&ノーブルについて考えることが難しくなります。余程、芯がしっかりしていないと人は調子に乗るものです。

佐々木　ザッカーバーグくらい成熟していないと、無理ですね。

塩野　ザッカーバーグくらいパワーを手に入れてしまうと、もうスパイダーマンですよ。「大いなる力には、大いなる責任が伴う」というセリフがスパイダーマンには出てきますがそれと同じです。そういう意味では、ジャーナリストとはまさに、そうあるべきなんです。自分のペンで人が死ぬかもしれないというぐらいの責任を感じるべきです。

佐々木　緊張感が必要です。医師とも似ています。

塩野　そうです。似ています。

佐々木　自戒も込めて言うと、日本のジャーナリストで本当にハングリー&ノーブルだと感じる人は、片手で数えるほどです。そして、日本のスタートアップの経営者は、ハングリーではあっても、ノーブルではない人が多い。

塩野　**ノーブルは本当に難しい。だからこそ、そのポジションは空いていると思っています。**ホワイトが好きな若い人はぜひ。やりがいがあると思います。

佐々木　**実は真の意味でノーブルなことは、収益という資本主義のゲームでも、中長期的にはプラスになるのだと思います。**日本のスタートアップ業界がなかなか大きくならないのも、ハングリーに短期的な収益を追って、ノーブルにミッションを考えていないからではないでしょうか。

触媒としての真のエリート

塩野　私も佐々木さんと同じ違和感を抱いていて、ザッカーバーグやセルゲイ・ブリンやティム・クックが持っている世界観から、日本のスタートアップはだいぶ遠いじゃないですか。

佐々木　悲しくなるほどに遠いです。

塩野　一方で、金融のようなスーパー貪欲ワールドにおいても、存在感が乏しい。ヘッジファンドのルネッサンス・テクノロジーズのトップ、ジェームス・シモンズは、年収が1600億円（2016年）ですよ。

佐々木　ハングリーなスタートアップワールドはミッションがなくて悲しいし、品のいい大企業ワールドも、とくに若手はモンモンとしていて悲しい。今のビジネス界全体が悲しい。

塩野　悲しい領域が多いことは確かですが、もしかしたら日本は昔からこうだったのではないかとも思います。**常にわが国は、兵士は一流、将は三流で、オペレーショナルな現場や中間層が異常に優秀という世界です。**

それが如実に出ているのが軍隊の世界です。グローバルで見たら、軍隊は士官を除くと社会の上流階級ではない人が就職する場所です。でも日本は志も平均能力も高い人が就職しているので、自衛隊にいる各人は他国と比較にならないぐらい優秀なわけです。

佐々木　日本はその中間層の厚みを活かした組織運営やビジネスをやるべきです。

塩野　そうなんです。ただ、それが時勢にあんまり合わなくなってきています。マッチョな各国のリーダーと、独裁的な企業CEOとの戦いに持ち込まれたときに、オペレーショナルな人たちだけでは、なかなか対峙していくことが難しいという状況になっています。

佐々木　そういう意味で、**カルロス・ゴーンみたいな独裁的なリーダーに、日産社員のオペレーショナルな優秀性が重なるのが、最高の形です。**

塩野　それこそベンチャーだったときの日本を取り戻せる組み合わせだと思います。加えて黒船のような外圧に弱いという特性もあります。

佐々木　ゴーンみたいな本物のグローバルリーダーが、企業や政界に生まれてきたら、日本は変わりますね。

塩野　そうです。それを、独裁的リーダーと言うか、もしくはある種のカタリスト（触媒）と言うのかは別として、**よい触媒に触れたときの日本の爆発力はすごいですよ。**

佐々木　同感です。

第1章：ハングリー＆ノーブルに生きるための10冊

塩野 誠

内村鑑三
『後世への最大遺物』
（岩波書店）

神谷美恵子
『生きがいについて』
（みすず書房）

白洲次郎
『プリンシプルのない日本』
（新潮社）

安岡正篤
『安岡正篤一日一言』
（致知出版社）

加藤陽子
『それでも、日本人は「戦争」を選んだ』
（朝日出版社）

佐々木紀彦

福澤諭吉
『現代語訳　福翁自伝』
（筑摩書房）

西郷隆盛
『大西郷遺訓』
（中央公論新社）

盛田昭夫、下村満子
『［新版］MADE IN JAPAN』
（PHP研究所）

塩野七生
『男たちへ―フツウの男をフツウでない男にするための54章』
（文藝春秋）

福田和也
『人間の器量』
（新潮社）

第2章

日本という大天国に、危機が迫っている

本章の10のポイント

①「仕事ができる人」の定義が変わった。「オペレーションがうまい＝優秀」ではない。

②日本のビジネス界は「まったり期」が終わり、「崩壊期」に入ろうとしている。

③必要なのは「新しい事業を創り出せる人」。だが、大企業にそんな人材はいない。

④大企業の経営者に求められるのは、「ポートフォリオマネージャー」的なスキル。

⑤事業欲のある人材が集う企業は、これからプライベートエクイティ化していく。

⑥商社では「有事の経営者」は育たない。経営とは、7、8割は資金繰りだから。

⑦「当事者」となるには、自分の富や名誉を超えた「他者への思い」が求められる。

⑧東京という「大天国」でハングリーになるには、「自分の信じる価値観」が必要。

⑨大企業の社員は、幕末の徳川幕府のお役人に似ている。新時代には冷や飯を食う。

⑩グローバルイシューに日本の視点から斬り込む。それが新時代のリーダーの条件。

今の日本は「まったり期」

佐々木　この章ではまず、**日本のビジネス人材を取り囲む現在の状況認識について語りましょう。**前章で塩野さんは「**仕事ができる人がいなくなった**」と言っていました。

塩　野　**今、必要とされている人は、間違いなく「新しい事業を創れる人」なんです。**しかし今の日本には、そうした人材がほとんどいません。今の日本で優秀と言われる人は、既存事業の日々のオペレーション（運用）をそつなくこなす人であって、新しい事業を創れる人ではありません。

佐々木　**優秀さの定義が変わった**ということですね。

塩　野　まさにビジネスパーソンの「優秀の定義」が変わりました。その前提として、「今の日本企業はどのフェーズにいるか」という時代認識が必要です。**今の日本は「まったり期」のサイクルに入っています。**

佐々木　それはどういう意味ですか？

塩　野　事業を企業の中から見ると、**「立ち上げ期」「オペレーション確立期」「まったり期」「崩壊期」**の4つのフェーズに大きく分けられます。

例えば、ソニーやパナソニックを例に挙げると、80年以上前の戦前・戦後にベンチャーとして急成長を果たした時期が「立ち上げ期」です。その後、「オペレーション確立期」に移り、大企業として世界中に事業を拡大し、事業の停滞や再生を経験してきまし

企業と事業の４つのフェーズ

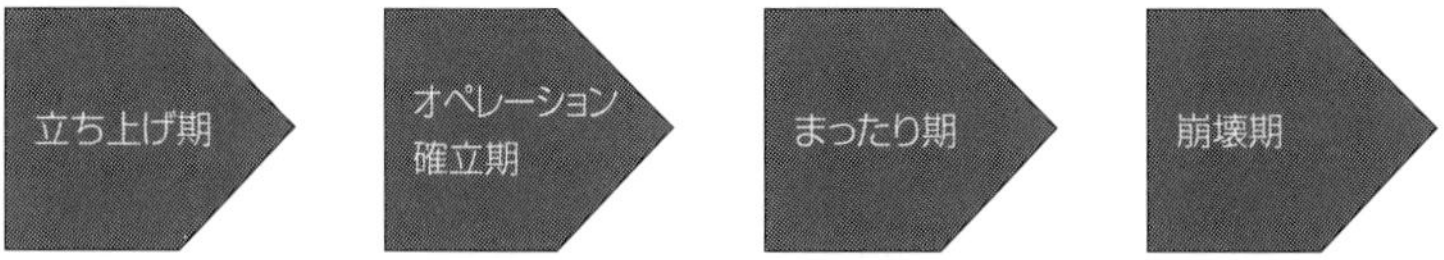

た。今は、「オペレーション確立期」が終わり、両者ともリストラなどで再生が一服した後、「まったり期」に入りつつあります。

「まったり期」に大事なのは、新しい事業を創ることです。

社内でも一部の人は、「既存事業があれば逃げ切れる」と思っていますが、「このままでは、ＡＩの進展などにより、世の中が変わってしまい、既存事業の中には継続が難しいものも出てくる。その産業自体がなくなってしまうことさえある」という危機感を持っている人たちもいます。

しかし、いざ新規事業開発に挑もうと思っても、はたと社内を見てみたら、事業を創り出せる人材がいない。そんな状態が日本のあらゆる企業で生まれているわけです。いろんな経営者と話をしていても、みんなが口を揃えて「うちには新しいことができる人材がいない」と嘆きます。大企業であれば安全地帯にいると思って新しいことに挑戦すればよいと思いますが、**「新しい挑戦」を評価する人事制度設計になっていません。**

例えば、経済産業省は、「どうすれば事業を構想・創造できる人材を作れるのか」という話ばかりしています。経産省は「フロンティア人材」と呼んでいますが、経産省的な発想で言うと、「われわれがせっかく成長戦略を立てたのに、企業で誰がそれを実行するのかと見たら、やれる人がいなかった」という問題を抱えているのです。

佐々木　このまま「まったり期」が続くと、既存事業もむしばまれていって、「崩壊期」を迎えることになるわけですね。

塩野　そうです。「まったり期」の後に、資金繰りが回らなくなったりすると、銀行管理に入ったり、事業の切り売りでキャッシュを作らないといけなくなります。すでに**既存事業のビジネスモデルや商品・サービスが世の中に合わなくなっている可能性もありますから、そうした事業を無理して延命させるべきかが問われてくるわけです。**

例えば、日本において１９８０年代にピークを迎え、その後はＤＲＡＭ不況を経て衰退していった半導体事業は、本当に今後も必要なのか。日本の産業全体にとって、半導体は日本に残しておくべきなのか、という話です。

1000億円の事業を創れるか

佐々木　時代が大きな転換期を迎える中で、**今の中間管理職の人たちが、「仕事ができない人」になっているのは、ある種、必然と言えます。**

日本の大企業では、長らく「オペレーション確立期」が続き、「まったり期」に突入しているので、**事業の立ち上げを経験している人がほぼ皆無です。**上司も、オペレーション型の人ばかりになってしまっています。新規事業人材が育ち、評価される環境が長く存在しませんでした。

塩野　そうですね。やっぱり変化への準備ができていなかったということでしょう。「まったり期」の不幸です。本当は変化の中で誰もいないところが一番儲かるのですが。準備ができていないときに、急激に変化が起こりそうになってきた。そこで、新しいものを創ることのできる人を探したものの、どこにもいなかった。そういう意味では、まさに環境適応の問題です。

多くの企業では、「まったり期」に過剰適応してしまっているので、いきなり上司から「新規事業開発をしろ。今後の柱となる1000億円以上の事業を創れ」と言われても、まずどこから手をつけていいのかすらわからない。上司側も、イノベーションを起こすための仮説やマネジメント力を持ち合わせているわけではありません。

佐々木　経営者が新規事業立ち上げの経験がある人であれば、まだ状況はましなのでしょうか？　例えば、伊藤忠商事の岡藤正広社長は、過去、アルマーニのブランドビジネスを切り開いたことで有名です。伊藤忠は運のいい例なのでしょうか？

塩野　そうとも言い切れません。**今の変化の時代において、経営者に必要なスキルセットと、新しい事業を創り出す人のスキルセットは異なると思います。**

今の経営者に必要な能力は、自分の会社の事業ポートフォリオを経営環境に応じて迅速に組み替えることができることです。ファンドマネージャー的な経営者のほうが時代に合っています。立ち行かない事業を温存すること自体が、最終的には企業全体をダメにしてしまうおそれがあるため、先送りせずにデジタルに事業を入れ替えできるファンドマネージャー的経営者が今の環境には向いています。

佐々木　それに対して、現場で新しい事業を創り出すのに必要なのは、何らかのミッションに基づいて事業を構想し、実行して収益にまでつなげられる起業家的な人です。ファンドマネージャー的な素養とは違います。

塩野　ただ、新しい事業を創るといっても、スタートアップと大企業では規模が違いますよね。スタートアップであれば数億円でも形になりますが、大企業では将来的に1000億円レベルの売上高が求められます。

佐々木　ベンチャーキャピタリストがよく言うのは、「事業規模で1000億円作るというのは、相当な市場規模」ということです。売上1000億円を作るなら、全体の市場規模が兆円レベルでないと難しい。1兆円のマーケットの10%を取ってやっと1000億円ですから、対象となるマーケットが大きい必要があります。

スタートアップも、将来大化けしたいなら、市場規模が小さいところで事業を起こしてはいけません。1000億円もない市場の場合、ちょっと戦略ミスをすると、ものすごく小さなマーケットしか取れなくなってしまう。ニッチな部品メーカーのように、誰も来ないマーケットでエッジの立った製品を作るならよいですが、ベンチャーで最初から小さな市場規模を狙うとピボット（事業転換）できなくなります。

ゼロから事業を立ち上げるスタートアップの世界では、狙うマーケットを間違うと取り返しがつかないので、とにかく最初は市場規模が大きいところを狙うのが鉄則です。

佐々木　それはわかるのですが、大企業に、ゼロから1000億円の事業を創れる人や環境が揃っているかというと、厳しくないでしょうか？

最近は、ソニーの新規事業創出プログラム「ＳＡＰ（シード・アクセラレーション・プログラム）」を筆頭に、大企業内のイノベーションプログラムが充実してきています。しかし、まだ時間が短いからかもしれませんが、１０００億円レベルを狙えるような事業は生まれていません。

塩野　むしろ、内部で育てることをあきらめて、海外の企業のように、有望なベンチャーを買収したほうが手っ取り早い気もするのですが、どうでしょうか？

それはどういう領域の新規事業を狙うかによって変わります。つまり、既存事業から近い分野の事業を行うのか、完全に飛び地でやるのかの違いです。

ほかに、事業開発の中には、「地理的拡大」というのも含まれます。地球儀で見たときに、自分たちが潜在的市場として取れるはずのマーケットを全部取れているわけではありません。中東でもアフリカでもほかの先進国・新興国でも、地理的拡大が可能なところはまだ残っているのかもしれません。ですから、既存ビジネスの近傍領域や、地理的拡大という点では、大企業でも１０００億円の事業開発は可能だと思います。

Ｍ＆Ａ（企業の合併・買収）による新しい能力の獲得はもちろんありですが、買収後に、ポストマージャーインテグレーション（ＰＭＩ、買収後の統合）を誰がやるのかという問題があります。**Ｍ＆Ａを成就して終わりではなく、ＰＭＩの巧拙で勝負は決まります。**

例えば、インドの会社を買って、日本と言葉も文化も違う現地でマネージャーになれる日本人がいるかどうかとなると、そんなにたくさんはいません。
加えて、買収後の事業への踏み込み度合いによっても、難易度は変わります。あくまで事業ポートフォリオをひとつ付け加えた程度で、経営は現地に任せて、数字だけモニタリングできればいいのか。それとも、もっと踏み込んで自分たちが企業文化の浸透まで含めて深くマネジメントしたいのか。私の経験上、中途半端にマネージしようとすると一番失敗します。

企業はプライベートエクイティ化する

佐々木　大企業によるベンチャー買収の成功例としては、リクルートによるインディードの買収があります。インディードは2004年に創設された米国テキサスの会社で、2億人以上の月間ユニークビジターがいる世界最大の転職求人検索サイトです。
インディードは、リクルート新規事業担当の出来場《いでこば》久征《ひさゆき》さんが見つけてきて、交渉も行い、買収を実現した会社です。現在、出来場さんは自ら社長も務めています。インディードは、リクルートの人材領域と隣接していて規模も急拡大しています。このインディードの例が成功したのは、出来場さんが買収の担当と、買収後のPMIの担当を一人で兼ねていることも大きいですよね。

塩野　私がいつもアドバイスしている**PMI成功の法則は、「M&Aを担当した人間が、その会社に行くべきだ」ということです。**

よく事業会社から、「M&A部隊を作るべきですか、作るにはどうしたらいいですか」と聞かれるのですが、「M&A部隊が、M&Aの取引や交渉だけを担当するのではなく、買収後の面倒も見るのであればいい」と答えています。

なぜかと言うと、M&Aが成り立った場合、買われる側からすると、交渉していた相手こそが、買い手側企業でもっとも信じられる人間だからです。買収後に、担当者を代えてしまうと、もう一度、信頼関係構築が必要になり、うまくいかなくなってしまうことが多いです。

佐々木　ということは、M&Aの担当者は、「いい企業を探してくる能力」と「買収後に企業を経営する能力」の両方を兼ね備えていないといけないのですね。

塩野　**事業法人のM&A担当者に求められるのは、事業欲です。**「自分がこの事業を大きくしたい」とか「この事業は絶対うまくいくから、自分が経営したい」という欲望があるからこそ、デューデリジェンス（買収監査）や交渉にも本気を出せるわけですから。

佐々木　ただ、事業欲が強い大企業社員というのは育ちうるのでしょうか。

リクルートはほかの大企業と比べて異質ですし、出来場さんも、大学時代に起業したりと、サラリーマン離れしたところがあります。しかし、そもそも強い事業欲があって新しいものを創りたい人が、大企業に入るのでしょうか。

塩野　そうですね。これからは企業として「事業欲がある人を募集する集団である」という割り切りをするのも一案です。それを突き詰めると、起業を除けば、自分で経営したい会社を見つけて、その会社を買収して経営をするということになります。最終的にはプライベートエクイティファームになってしまいます。

佐々木　確かにそうですね。

塩　野　米国のMBAを取得した学生の間では、プライベートエクイティファームで腕を試したいという人が多いですが、それは、資本主義下において、自分の事業欲を満たすシステマティックな最短ルートだからです。

佐々木　すべての会社はプライベートエクイティファーム化していくということでしょうか。買うか、借りるか、創るかという事業オプションにおいて、「買う」というM&Aを選んだ場合はそうなっていくと思います。

塩　野　例えば、**商社の一部は、完全にプライベートエクイティのようになっています。**自分たちが買収した会社に幹部候補を送り込み、子会社経営を経験させたうえで、また本体に戻すという人事を割とシステマティックに行っています。

それと同じように、事業法人が運営しているコーポレートベンチャーキャピタルも、自分たちが出資をして、その会社のマネジメントに関与し、できればそこから事業シナジーや技術シナジーを生み出したいという発想になってきています。ここではほかの株主として金融投資家たるベンチャーキャピタルが金融リターンを求めるため、その利益相反をうまくマネジメントすることも必要になります。

今後は、プライベートエクイティもヘッジファンドも商社もコーポレートベンチャーキャピタルも、投資対象となる資産クラスが重なって似てくるはずです。

経営の7、8割は資金繰り

佐々木　今の流れで言うと、企業の中で経営者人材を目指すとなると、やはり商社が最強なのでしょうか。**三菱商事の垣内威彦社長も「三菱商事は経営者の道場を目指す」と宣言して、若いころから出向先で経営経験を積ませるシステムに変えてきています。**今は学生の間でも、外資系金融機関やコンサルティングファームより商社、とくに三菱商事が人気ですが、それは経営者を目指す人にとっては理にかなっているのでしょうか。

塩　野　それは、どんな経営者を育成するかによって答えが変わります。「平時の経営者」は育成できても、「有事の経営者」は育成できないでしょうね。

というのも、中小企業の経営の7、8割は資金繰りなんです。資金繰りとバランスシートにおける負債と資本の最適な状況を考えられる経営者でないと、資金をつまらせたり、銀行との交渉がうまくできなかったりしますので、有事には役に立ちません。**本当の経営者になるためには、血も涙もないゼニカネのコントロールの部分がとても大きいのです。**

大企業たる商社から出資や融資を受けている企業の経営をしても、多くの場合はギリギリの資金繰りを本気でやる経験が積めません。それと同じことが、本国からの資金供給がある外資系企業の日本法人のトップにも当てはまります。

やっぱり、**資金繰りの実務が抜けると、経営者として片手落ちになってしまうのです。**

資金繰りを気にしなくていいよ、と言われると、経営の仕方はだいぶ変わってきます。資金繰りの経験がない経営者では、いざお金につまって再生モードになった際に力を発揮できません。すなわち、「有事の経営者」にはなれないのです。あくまで、「平時の経営者」なのです。

ですから、**カツカツの資金繰りのような修羅場の経験を得るためには、若いうちにベンチャーの役員や経営を経験しておくとよいと思います。**ベンチャーは、バーンレートと言われるお金の減り具合がすべてで、どんどんキャッシュが減ってつまりますから、ゼニカネについてのある種の感覚は得られるはずです。

佐々木　そうした感覚は、大企業の経営者にも必要ですよね。

塩野　必要です。大企業の経営者は、自分たちの資金調達コストを明確に理解して、株式または借り入れ等の負債によって資金を調達し、そのコストからどれぐらいのリターンを生み出さなければならないかを肌身で理解していないといけません。言い換えると、資金調達コストに対して投資家としての目線が求められます。

しかし実際には、CFO（最高財務責任者）以外の役員では、こうした財務の基礎すら意識できていない人が多い。「ファイナンスは専門外です」と堂々と言う役員は一事業担当者でしかありません。

佐々木　経営者と投資家の仕事には似た面があるのですね。

塩野　企業側に、機関投資家のファンドマネージャーのような感覚を持った事業家がいるとIR（インベスターリレーションズ）が非常にスムーズに進みますし、資本市場とのコミュニケーションができやすくなります。実は難しいことではありません。「いくらのコストでお金を引っ張ってきて、いくら儲けるから、つじつまが合うはずだ」という感覚に過ぎませんから。

でも、日本企業の役員たちに、「あなたは資本市場とのコミュニケーションは得意ですか」と問うたら、「得意」と答える役員は稀だと思いますよ。

想像力と当事者意識

佐々木　結局、資金繰りの話も含めて、「自分が頑張らないと会社がつぶれる。会社が成長できない」という危機感、当事者意識を持てるかが勝負だと思うのですが、サラリーマンでそうした感覚を持つのは、ほぼ無理のような気がします。

日本から仕事ができる人がいなくなったのは、当事者意識を持つ人が少なくなったからではないでしょうか。日本では、自営業者が減り続け、すっかりサラリーマン国家になってしまいました。どの業界も当事者不在です。当事者はつらいですから、誰も好んでなりたいとは思いません。

塩　野　今の平和な時代において当事者になるには、自分の富や名誉を超えた、他者への思いを持つことが大事だと思います。

例えば、どんなサラリーマン一家であろうとも、お父さん、お母さんが働くのをやめてしまったら、家計が成り立たなくなってしまいますから、家族のためにもそこそこ頑張りますよね。他者を思うことで、小さな当事者意識が芽生えてくるのです。

佐々木　私も、自分の会社の従業員が増えれば増えるほど、「この人たちを食わせていくのは大変だぞ」と毎日思うわけです。ですから、他者を巻き込んでしまうことによって、小さいながらも、当事者意識が生まれてきて、それが、もしかしたらパブリックマインド（公共心）に昇華されていくのかもしれません。

身近な小さな当事者意識が、会社、地域、国、世界などの大きな当事者意識に育っていくかもしれないということですね。

塩　野　そうです。**明治維新のときの日本の志士たちは、「自分が寝たら、日本が遅れる」と思っていたはずです**。個人と国家の当事者意識が重なっていたのです。

佐々木　失敗したら、植民地にされると本当に思っていたわけですからね。実際、植民地化される可能性も十分にありました。

塩　野　運よく、植民地化されなかっただけですから。

結局、当事者意識を持てるかどうかは、想像力の問題ではないでしょうか。例えば、「北朝鮮のミサイルが空から落ちてきたらどうしよう」といつもおそれている必要はないですが、最悪のシナリオを想像して備えるべきです。しかし、日本というある意味の天国においては、現実を見据えたうえでの生き物としての想像力が薄れてしまっている気がします。

佐々木　日本はなんだかんだ言って、そんなに不幸ではない。むしろ、**世界から隔離された天国に住んでいます。**

塩野　日本は全然不幸ではないですよ。だって、シリア難民のように、難を逃れるために地中海を渡ったりしないですから。戦火を逃れて海を渡ろうとした3歳児の遺体がトルコの海岸に打ち上げられて、世界に衝撃を与えました。日本は天国だと思います。

佐々木　今の日本人の行動は、生物学的にはいたって普通ですよね。すでに天国にいるのに、わざわざ危ない挑戦をする必要はありません。

塩野　天国にいたら、まったりするのはやむを得ない面もあります。しかし、**知的で想像力があれば、今の天国が変わりつつある国際秩序の中で運よく成立しているだけで、いつそれが壊れるかわからないことは明白です。**

人口動態ひとつとっても、状況は急速に悪化しています。私の会社は、東北でバス会社を運営していますが、ここ5、6年は運転手がなかなか採用できない状況が続いています。当時から、外食やサービス業では絶対に人が採れなくなると思っていましたが、思ったより早く人材不足が深刻になってきました。このままではコンビニや宅配便は人材不足で事業継続できなくなる可能性さえあります。「あのコンビニの店員は、外国人しかいないよね」という会話が、予期したよりずっと早く普通になってきました。

日本人が採れない以上、外国から来た人に、心地よく働いてもらう会社組織と地域コミュニティを作らないといけません。そうでないと、社会自体が立ち行かなくなります。

佐々木　今、『未来の年表』（河合雅司著）という本がすごく売れていますが、中身は人口動態の話が中心です。人口減少については地方のほうが断然危機感が強いですね。東京は2025年までは人口が増えていくので、東京に住んでいる限り、人口減少を肌で感じる

2050年には1億人を切る
—日本の人口推移予測—

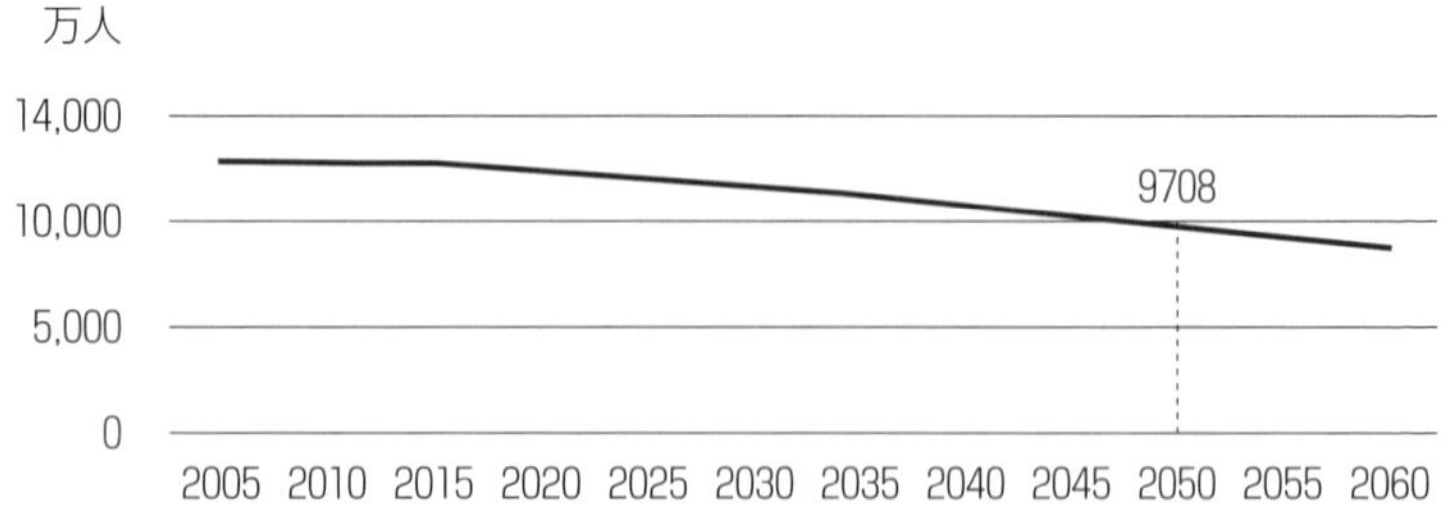

2025年がピーク
—東京都の人口推移予測—

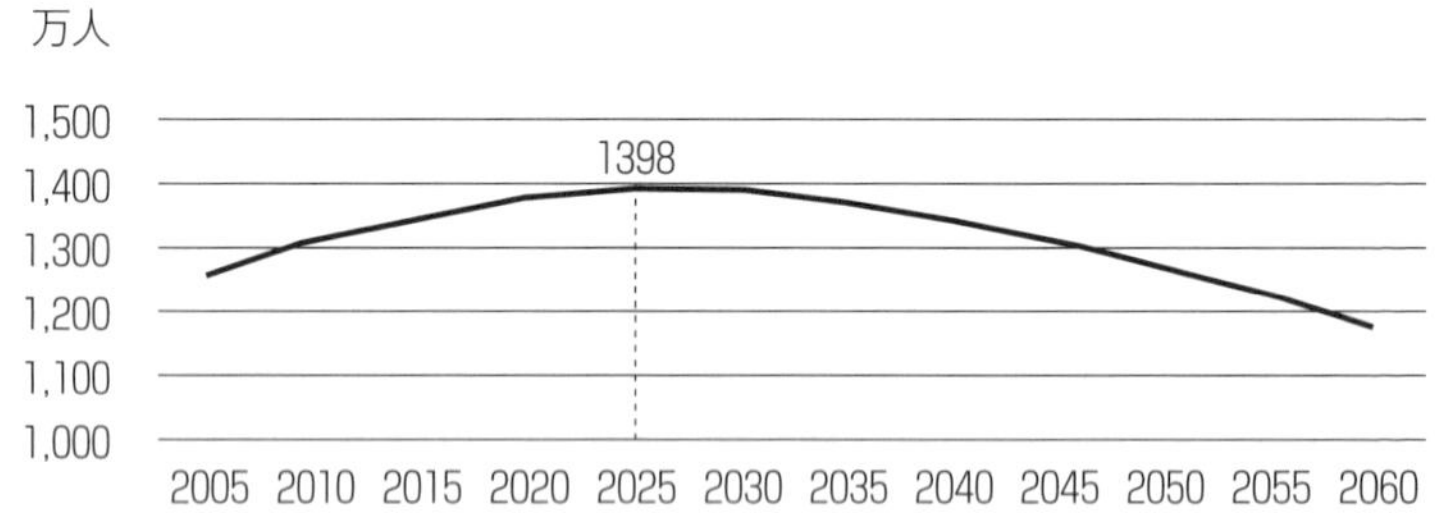

出所）総務省、東京都

ことがありありません。

塩野　東京というのは極めて特殊な世界です。一方で地方は違います。まだら模様ではありますが、確実に高齢化、人口減少が進んでいます。

そういう意味では、やっぱり２００７年に起きた夕張市の破たんに注目すべきだと思います。**夕張市は９０００人ほどの人口ですが、人がいなくなると何が起**

きるかがわかります。学校や医療機関が統廃合・縮小され、税金が上がり、人がいなくなり空き家が増える。人がいなくなると、ゴミ収集や水道補修のような当たり前だと思っている公共サービスの継続も難しくなります。私たちの子どもたち世代がそうした危機に陥らないように、今から準備すべきなのです。

東京という「大天国」

佐々木　それこそがまさに想像力の問題ですよね。**実は地獄に近づきつつあるのに、東京という「大天国」ではそれにほとんどの人が気づかない。**

塩　野　そうですね。東京が「大天国」であるというのは2つの意味があります。ひとつは、大天国の東京の魅力によって、国外から人を引っ張ってこられるということです。あるフランス人に「なぜ東京に住むのか」と聞いたら、「日本も東京もそんなに好きではないけれど、東京の街は考え事をしながら歩けるから、東京に住んでいる」と言っていました。犯罪を気にせず歩ける東京の治安や文化は大きな強みです。

佐々木　その気持ちはよくわかります。

私も2年間、アメリカの西海岸に住んでいたとき、何が苦痛だったかというと、車を運転することです。私のように考えることが趣味の人間は、いつも何か考えているため、運転に十分集中できずに事故を起こすリスクが増えます。私に過失はなかったのですが、留学後数週間で、車が大破する事故を起こしてしまいました。

塩野　日本は世界でも最高レベルの治安ですから、突然の暴力に直面したり窃盗にあったりすることが極めて少ない。思索を巡らせながら、歩き、生きることができる場所は、世界では少数です。ただ、日本人にとっては、それが当たり前すぎるのでそのすごさになかなか気がつかない。

佐々木　日本、とくに東京には、時間を無駄に使わなくていいためのインフラが張り巡らされています。コンビニにしろ、公共交通にしろ極めて便利です。目的意識が明確で、勤勉な人にとっては、東京ほど効率的に時間が使えるところはありません。

塩野　東京では、関東平野という世界最大級に広い平野にコンパクトに人が集まっており、人口密集度も極めて高い。そして、東京は、それぞれに文化が分かれていて、個性のある街が集まっている。これは非常に魅力的ですよ。銀座と秋葉原と渋谷と浅草では全然違います。それらが集まっているわけですから。

佐々木　ロンドンですら、東京ほどの広さと深みは感じません。

塩野　東京は「治安×文化」において天国です。そして海外の人には適度にミステリアスな街です。その東京の魅力を打ち出すのはいいと思います。もちろん東京以外でも観光資源という意味では、沖縄のビーチから北海道のパウダースノーまで、京都から伊勢志摩まで限りなくありますし、福岡などもコンパクトにまとまったよい都市です。

東京は先端ビジネスを行うための利便性において最高です。その意味で、今問うべきは、**「どうすれば、天国でハングリーになれるか？」**ということなのかもしれません。

佐々木　落ち目とはいえ、東京が文化的にも経済的にも豊かである以上、「もっと金持ちになりたい」「あのライバルに勝ちたい」というようなハングリー精神は持ちにくい。

塩野　今後は、「どうしてもこういう世界を実現したい」「こんな事業で社会や世界をこう変えたい」といった、理念やビジョンという意味でのハングリーさになるのでしょうね。

よく言われるところの、「何を信じられるか」という問題です。

例えば、ソーシャルアントレプレナー（社会起業家）が、「Make the world a better place」とよく言いますが、better place の定義をするときに、やはり何らかの価値観が必要です。

経済レベルが高くなることが better place なのか、どんなところにでもマクドナルドがあることが better place なのか。戦争や紛争がなく暮らせる場所が better place なのか。自分の信じる価値観を持てるかどうかがハングリーさにつながるように思います。

大企業の社員は、徳川幕府のお役人

佐々木　危機感を持てるか、ハングリーになれるかという点では、大きな仕事を任せてもらえるかどうか、のめり込める仕事に出会えるかどうかも大きいですね。

塩野　私も20代だった2005年にライブドアでフジテレビとニッポン放送の買収案件を担当しているときは、高揚感があって、毎日、寝なくても大丈夫でした。あのときは、こういう買収が起こるということを世間にアジェンダ設定している気持ちがありました。

佐々木　現代には珍しいスケールの大きい仕事でしたから、面白かったんでしょうね。

塩野　その意義は別として、仕事内容自体の面白さと、自分に任されている部分が大きいという面白さ。その2つがありました。**「ここで俺が寝たら、この案件は終わってしまう。とにかくやらなきゃ」**という危機感がありました。「別に俺がいなくてもいいでしょ」の真逆です。しんがりとしてのラストマン・スタンディング感がすごくありました。

佐々木　**「ラストマン・スタンディング感」**というのも、いいキーワードです。いわば、俺が絶対やり遂げるという〝やりきる感〟ですよね。

塩野　そうです。**リーダーが仕事を任せるときに、人を見極めるポイントは能力ではありません。「こいつに任せたら、やりきってくれるのかな」というやりきる感です。**新しい難しい仕事になればなるほど、そういう比重が大きいと思います。

佐々木　大企業で、当事者意識を持つというのは論理矛盾かもしれません。なぜなら、一人の個人に依存しなくてもいいようなシステムがあるからこそ、大企業ですからね。

塩野　その通りです。もしかしたらこの対談では、いろいろなことをあきらめながら進んだほうがいいのかもしれません。**大企業の社員がモンモンとしているのをどう解消するかとかはあきらめる。**大企業には「モチベーションをください」と言う人がいますが、これはものすごい言葉ですよ。

佐々木　私も大企業の人たちは能力的にはとても高いと思うのですが、それは既存のシステムを回すうえでの優秀さであって、ベンチャー的なものとはすごく遠い。

先日も、大企業限定で参加者を集めてイベントをやったのですが、とにかくノリが悪いのです。活きのいいメンバーであれば、どっかんどっかん笑いが起きるところでもシーンとしていました。質疑応答では手が挙がるのですが、どの質問にも切迫感がない。書生のようなおままごとっぽい話が多いのです。

塩野 わかります。感情を発露することに恥やおそれを感じているのでしょうか。「笑っていいのかな」と。でも、クリエイティビティで一番大切なのは何でも面白がることだと思います。

佐々木 一方、同じ内容のイベントを女性限定でやったら、盛り上がるのなんの。質問も具体的で、リアリティにあふれていました。この経験だけが理由ではないのですが、**大企業にある程度長く勤めた男性たちは、もう変われないのではないか、変わることに期待するのは時間の無駄遣いなのではないか**という気がしています。変わったとしても、こちらの労力に対して歩留まりが悪い。

塩野 歩留まりの悪さはわかります。無感情な人間より、寝ないでデータを学習できるＡＩのほうが効率がよいかもしれません。あとは期待するなら子どもたちですね。

佐々木 最近、大企業の男性社員たちが、江戸時代の末期に徳川幕府に仕えていた役人のように見えてなりません。その時代に生きたわけではないのですが（笑）、きっとこんな感じだったんだろうなと。世の中が大きく変わることが想像できていないのです。

ちなみに、明治維新後に徳川幕府の役人がどんな人生を送ったかを調べたのですが、進路は主に3つありました、ひとつは、旧幕府の親方についていって落ちぶれながらも静かに暮らした。もうひとつは、新たに商売を始めた。３つ目は、新政府にお仕えした。ただし、商売を始めた人はほとんどが失敗していて、新政府に仕えた人たちもあまり高位にはつけなかったそうです。すなわち、**最後の最後まで脱落せずに古い秩序に仕え続けた人たちが、新しい時代において活躍する可能性は極めて薄いということです。**あの勝海舟でさえ、維新後は表舞台にはほとんど出てきませんからね。

塩野　それはすごくいい事例です。かなりラディカルに言い切れるのですね。

佐々木　大企業の男性に恨まれそうですが（笑）、私の正直な時代認識です。

女性に期待する理由

塩野　でも、そうすると、これからの時代は誰に期待するのがよいのでしょうか？

佐々木　ひとつは**若い人**ですよね。ナナロク世代と呼ばれる１９７６年生まれの人たちは、デジタルネイティブですから、新しい時代にまだ適応しやすい。とくにスマホネイティブと呼ばれるさらに一段と若い世代は強いでしょう。**大企業でも20代の若い人は、まだ会社色に染まりきっていないですし、適応力がありますから、可能性があります。**

もうひとつは、**外国人**です。単純に移民を受け入れるという話もあるでしょうが、それよりも私は、堺屋太一さんが『団塊の後』という小説で構想していた「新しい日本人」というアイディアにひかれました。

塩野　堺屋さんは知の巨人でありクリエイティブですよね。

佐々木　堺屋さんのアイディアは、日本語で学問や仕事や文化などを教える大学をアジアの各地にどんどん作っていくというものです。例えば、インドネシアの現地の人に、日本語

塩野　で日本文化や教養やビジネスを教えていく。そして、希望した人は日本へ受け入れて、日本で「新日本人」として働いてもらう。

佐々木　それは興味深いですね。ロシアでブレスト＝リトフスク条約の結ばれた1918年ごろ、ロシア内戦を逃れて数千人単位のロシア人やウクライナ人たちが北海道、主に函館に来て、一部は日本人と婚姻したり、東京などにも来て日本人として暮らしていたそうです。地理的にロシアは日本と近いですが、そういう溶け込み方があったのです。

ブラジルにいる日系人も、日本人以上に日本人らしい面がありますよね。私が今までもっとも礼儀正しくて、さわやかで、明治の青年みたいだと感じた人は、学生時代のバイトで出会った、ブラジルの日系移民の人でした。

塩野　昔の日本語が温存された帰国子女や日系移民の日本語が一番きれいだったりします。

佐々木　もうひとつ期待しているのは、**女性**です。女性は、今の既存秩序を壊してもいいという願望がある気がします。既存のシステムにしがみつく気はさらさらなく、むしろ「おじさん社会」をぶっ壊してほしいと願っているところがあります。

塩野　よく言われることですが、女性は過去にしばられず、非連続的な変化についていきやすい。恋愛でも上書き保存で新しい恋人ができると過去の恋人を忘れるといいますが、それは結構正しいと思います。変化の時代には、過去に拘泥《こうでい》する男より強い。

女性には地に足が着いた強さがありますよね。極めて現実的な面があって、決断する軸がしっかりしています。男のほうが、富や名誉にすぐにほだされてしまうし、コンプレックスによって意思決定を間違えたりする。もちろん女性経営者や女性役員などは数が少なく、祭り上げられる傾向もあるので、本人が冷静に気をつけないといけませんが。

佐々木　**ナナロク世代以降の活きのいい若者と、外国人と、女性がつながって、改革をスポンサードしてくれる上の世代の権力者がいれば、大きなうねりを起こせるのではないでしょうか。**

小泉進次郎に望むこと

佐々木　ただ、**日本が変わることは間違いないとは思いますが、そのスピードが予想以上に緩慢になるリスクはあります。**

塩　野　私の感覚としては、日本はすでに悠長なことを言っていられない状況にあります。近隣の北朝鮮の政治情勢は極めて不安定であり、ミサイル問題も深刻です。ミサイルそのものが落ちなかったとしても、日本の領土内を通過するときにミサイルの一部が落ちてきて、人命が失われるかもしれない。外国の発射したミサイルで国民が亡くなったときに何が起こるのか？　政府の対応は？　世論は？　本当に数分後の世界ですよ。

佐々木　北朝鮮のミサイルに関して、そんなに危機感がありますか？

塩　野　あります。２０１７年８月に北朝鮮が発射した弾道ミサイルは日本の領土上空である北海道の襟裳岬を通過しました。不完全なミサイルが空中分解しないとも限らず、３段式構造の一部や破片が人の居住する地域に落ちてくるかもしれません。

問題は、こうした悲劇が起きたとき、日本の世論がどう反応するかです。断固抗議で世論が収まるかどうか。国民の間で「報復せよ」という声が高まったり、ヘイトスピーチが勃興したりするかもしれません。この事態を防げなかったことに対して、責任問題が浮上するかもしれません。

佐々木　内閣が倒れかねない。

塩　野　議論があらぬ方向に向かい、「自衛隊は役に立たない」という議論も出てくるかもしれません。つまり、今の日本は危機に対する理性的な準備ができていなくて、想像力にも欠けているだけに、**現実に危機が起きると冷静さを欠いた過剰反応になるおそれがあります。**

佐々木　ある種、今の想像力の欠如を補って、危機感を植え付けようとしたのが、映画『シン・ゴジラ』でした。

塩　野　**『シン・ゴジラ』は現代日本のメタファーの宝庫でした。**

佐々木　日本人の危機感や想像力を高めるのに、もっとも効果的なのはドラマなのかもしれません。フィクションのほうがむしろ心に刺さる可能性があります。

　私はアメリカの海外ドラマをよく見るのですが、リアリティに満ちており、自分の世界観が揺さぶられます。例えば、政治や安全保障をテーマにした名作として『ホームランド』『サバイバー　宿命の大統領』があります。こうした本格派のポリティカルドラマが出てくると、日本人の危機意識や世界観が多少は変わるのではないでしょうか。

塩　野　映画の『ゼロ・ダーク・サーティ』もお薦めです。

『ゼロ・ダーク・サーティ』は米国の対テロ戦争、オサマ・ビン・ラディンを追跡する

ＣＩＡの女性分析官の話です。危機に際しての現在進行形の意思決定問題と、その意思決定における国防、愛国、倫理の問題を突き付ける作品です。

例えば、米国の兵士はニューメキシコからドローンを操作していて、テレビゲームのように、中東にいる敵を殺害していく。肌感覚で戦場の恐怖、人を殺す痛みが感じられなくなって、人殺しのコストがどんどん下がっていく。

今後、ドローンが自律型致死兵器システム（ＬＡＷＳ）となって、ボタンを押したら特定の対象を殺してきてくれる世界になったら、戦争を抑止する命のコストが変わってしまうのではないかと懸念しています。むしろドローンを保有する側は兵士を危険に晒すコストが減ったとさえ考えると思います。

佐々木　ゆくゆくは、人は戦場に出向くこともなく、機械と機械が戦う時代になるのではないですか？

塩野　遠い未来ですが、米空軍は２０４７年までに戦闘機は完全自律化されると２００９年に述べています。

今、軍事分野では、戦場の環境を３Ｄと呼び、単調（Dull）、汚い（Dirty）、危険（Dangerous）から人間の負担を減らすため、ＡＩの応用により無人化を進めています。自律的要素を持った無人兵器は安全保障、国際人道法上の観点からも、誰かがルールメイキングして規制をしないといけません。

自律型の戦闘ドローンが誤って民間人の子どもを殺したときに、責任の所在は誰にあるのか。各国による戦闘ドローンの使用・管理をどうルール化するか。一部、特定通常兵器使用禁止制限条約（ＣＣＷ）の中で議論されていますが、日本のリーダーたちが平和を希求する技術立国としてもっと積極的に発信すべきです。

日本の若い政治エリートやリーダー、**例えば小泉進次郎氏や福田達夫氏がＡＩや自律型致死兵器システムのことを深く勉強して、明示的なアジェンダをグローバルに発信したら、日本のプレゼンスは変わるはずです。**

佐々木　日本のリーダーたちは、日本の国際政治における存在感を増すためにも、「グローバルな論点に日本の視点（ジャパンアングル）からどう切り込んでアジェンダ設定していくか」をもう少し考えたほうがいいと思います。自分のことを優秀だと思う偏差値秀才にもこの領域にこそ入っていってほしいです。

今は、「外交は票や支持につながりにくい」「世界のアジェンダに国民は興味が薄い」と思っている節がありますが、うまくアピールできれば、国民も支持してくれるかもしれません。

塩　野　**やはり大切なのは、人間にとっての普遍的価値をどこに置き、それを心の底から信じられるかどうかです。**そして、それを外交的プレゼンスに使うリアリティを持つ。

ノーベル賞をもらったパキスタンの少女、マララ・ユスフザイさんは銃で撃たれても、女性の教育を受ける権利のために立ち上がり、主張を続けています。強い普遍的価値を持ち、それを信じて、世界的なアジェンダ設定、そして日本のためのルールメイキングに向けて行動する。日本は世界第３位の経済大国なのですから、各国の制度間競争の中でグローバルな課題に対しアジェンダ設定できるリーダーがもっと生まれてもいいのではないでしょうか。

グローバルイシューに手を出せ

佐々木　世界で語れる日本人がいないというのは、長らく続く問題です。

先日、「中央公論」でハーバード特集を行っていたのですが、その中で、グレン・フクシマさんが「日本からの登壇者を出してほしいというリクエストがよく来るのに、推薦できる人がいなくて困っている」と書いていました。登壇者の条件として、**「英語ができる」「話に中身がある」「多様な視点から話ができる」**の3つがあるそうなのですが、その3条件を満たす人が極めて少ないそうです。

ですから、日本はチャンスがないわけではなくて、みすみすチャンスを逃している。欠席裁判になっているのです。

逆に言うと、日本は層が薄いだけに、若くても、どこかの分野で頭角を現して英語もできれば、日本を飛び越えて世界を舞台に発言できるチャンスがあります。私なんかでも、メディアの分野に関して、海外のメディアや論者から声をかけてもらえる機会が徐々に増えてきました。

塩野　そこにはフロンティアが広がっています。**世界で新しい領域を手掛ける人材が集まるギルドにいったん入ってしまえば、〝いつものメンバー〟になれるんですよ。**新しい分野なら競争する人も少なく、〝いつものメンバー〟になれば、世界中に人脈が広がっていきます。すごくチャンスがありますよ。

佐々木 しかも、グローバルな課題に焦点を当てて、戦略的に話せればすごく目立つことができます。地球温暖化やＡＩ倫理やデザイナーベイビーのような人類みんなの課題についてうまくアジェンダセッティングできれば、温暖化防止の京都議定書のように京都という名前がちゃんとつくわけです。

今の経団連は、70代、80代がうようよいて、老人クラブみたいになっていて、60代でも若手になってしまっています。若い人は、そうした古い団体からは距離を置いて、ブルーオーシャンが広がる海外の舞台を目指したほうが未来が開けますね。30代でも十分チャンスがありそうですから。

塩　野 そういう意味では、自分の主張を英語化して発信することが単純ですが大事です。

私は人工知能学会の倫理委員会のメンバーなのですが、その倫理方針を作る際にすぐに英語化しました。人工知能学会の倫理指針の９条に「人工知能への倫理遵守の要請」という少しユニークな文言を入れたら、世界中から反応が来ました。英語にしてグローバルイシューにすれば、ちゃんと注目されるのです。

佐々木 英語はもちろんですが、ほかに、動画・音楽・グラフィックなどによりビジュアル化、マルチメディア化することも大事ですね。ピコ太郎さんのＰＰＡＰは、日本以上に海外で大ウケしていますが、「英語×わかりやすい音楽×ピコ太郎のユニークな外見」を組み合わせて、特大のインパクトを残しています。エンタメの世界のみならず、ビジネスの世界でも、メディアの使い方が問われてきます。

コスモジャポニズムの勧め

佐々木　**英語力以前に、「世界との距離感をどう感じるか」というマインドセットも大事です。**今の大半の日本人は、私自身も含めて世界をおそろしく遠いものに感じているように思います。

スイスで活躍している岡部英明さんという、UEFAチャンピオンズリーグの放映権ビジネスを担当している敏腕のビジネスパーソンがいるのですが、彼が「日本は世界の一部なのに、世界と日本を分けていることがおかしい。日本と海外と言うべき」と語っていました。そして、**「真の国際人とは、日本にいようと、アメリカにいようと、タイにいようと、イギリスにいようと、同じように振る舞えること」**と定義していましたが、その通りだと思います。私自身、海外で日本と同じパフォーマンスをまだ出せていないので、耳が痛い指摘なのですが。

塩野　こんなにも大学に留学必須の学部や、グローバル〇〇という名称の学部ができてきたのに、未だに海外を遠く感じるのでしょうか?

佐々木　若い子は、海外や国籍をあまり意識しなくなってきているように感じます。よくも悪くも、世界市民的な感覚を持つ人が増えています。しかし、一定年齢を超えた大人の大半は、海外との心理的な距離感は相当遠いと思いますよ。

塩野　でも、戦後、ホンダやソニーが代表例ですが、日本企業や日本のビジネスパーソンは、

佐々木　最初からグローバルに殴り込みに行きましたよね。なぜあの世代は、海外があれほど身近だったんでしょうか？

戦後の起業家世代に言えることとして、**ナショナリズムと普遍主義がうまくかみ合ったという面があるのかもしれません。**

盛田昭夫にしろ、井深大《いぶかまさる》にしろ、松下幸之助にしろ、本田宗一郎にしろ、敗戦のくやしさが事業の原動力のひとつになったはずです。「戦争では負けたけれども、ビジネスでは負けないぞ」というスピリット、ある種のナショナリズムが敢闘精神につながったと思うのです。**戦前は、今以上にグローバル化が進んでいた面もありますから、肌感覚としても世界が近かったというところもあるはずです。**

塩野　そして、戦後の名経営者たちは理系出身が多い。盛田さんも大阪大学で物理学を学んでいますが、ひとつの科学の学問体系を深く学んだ人は普遍的に考える癖がつくのではないでしょうか。ロケットササキとして有名なシャープの佐々木正さんにも「技術者は企業の利益のためだけに働くのではない。国のためでもない。人類を進歩させるために働くのだ」という強烈なビジョンがあります。

理系分野に限らず、**アカデミア（学問）での体系化を経験した人は、普遍性を持つと思います。そのまま極めに極めていくと、今度は普遍性から宗教的な美しさ、神性へとつながる感じがしますね。**

佐々木　宗教性という点では、松下幸之助が典型かもしれません。松下幸之助にしろ、盛田昭夫にしろ、**偏狭でないナショナリズムを根底に持つとともに、国にしばられない普遍主**

義を持っていた。この組み合わせこそがもっとも強力であるように思います。

今の日本は、国に対する愛を語りにくい。すぐネット右翼的に偏狭な愛国心になるか、もしくは、「テクノロジーで国家はなくなる、国民国家が無用になる」という極端な方向に行ってしまう。

塩野　私は**コスモポリタニズムとジャポニズムを組み合わせて「コスモジャポニズム」**と呼んでいるのですが、世界に対して普遍的な思想を持つとともに、自らの母国を愛することは両立できます。この2つを高次で融合させる人が増えてほしいのです。

佐々木　盛田昭夫さんはリベラルですよね。盛田氏は『学歴無用論』を書きました。

盛田さんは、「タイム」誌が選ぶ「20世紀でもっとも重要な100人」にも日本人として唯一選ばれています。

しかし先日、東京工業大学で講演していたときに、盛田昭夫の写真を見せて、「この人を知っていますか」と聞いたら、誰も正解を言えませんでした。合計1000人ほどいてゼロですよ。

冒頭に「まったり期」の話になりましたが、**今後到来する「崩壊期」「立ち上げ期」において、盛田昭夫や松下幸之助から学ぶことはとても多い。**時代は違っても普遍的な教訓があるはずです。それなのに、みんなジョブズやベゾスやザッカーバーグばかりに注目して、身近な偉人をなおざりにしている。過去の財産を大事にしないのは、日本の悪い癖だと思います。

第2章：今後の日本と世界を考えるための10冊

塩野 誠

村田晃嗣、君塚直隆、石川卓、栗栖薫子、秋山信将
『国際政治学をつかむ』
（有斐閣）

ヘンリー・キッシンジャー
『国際秩序』
（日本経済新聞出版社）

北岡伸一
『国連の政治力学―日本はどこにいるのか』
（中央公論新社）

John Baylis, Steve Smith, Patricia Owens
『The Globalization of World Politics: An Introduction to International Relations』（Oxford Univ Pr）

東郷和彦、波多野澄雄
『歴史問題ハンドブック』
（岩波書店）

佐々木紀彦

モイセス・ナイム
『権力の終焉』
（日経ＢＰ）

チャールズ・カプチャン
『ポスト西洋社会はどこに向かうのか』
（勁草書房）

ティモシー・スナイダー
『暴政：20世紀の歴史に学ぶ20のレッスン』
（慶應義塾大学出版会）

東浩紀
『ゲンロン0　観光客の哲学』
（ゲンロン）

堺屋太一
『団塊の後』
（毎日新聞出版）

第3章

AIという黒船。「若者の下克上」が始まる

本章の10のポイント

①ＡＩブームはあと２年で終焉。ネットのように、ＡＩが普通のものになっていく。
②ＡＩはフランケンシュタイン。マシーンラーニング（機械学習）と意味はほぼ同じ。
③ＡＩ効果は地味。主戦場は、エネルギー、医療、創薬、生化学、分子生物学など。
④日本企業におけるＡＩ普及の壁は、偉い人の「あんなのダメだよ」という肌感覚。
⑤日本にチャンスがあるのはロボットフレンドリー化。コンビニも家も自動化できる。
⑥ＡＩ問題は人事問題。優秀な20代のＡＩ技術者に、年収３０００万円を払えるか。
⑦ＡＩ時代において企業が成功するための条件は、「課題ファースト」の徹底にあり。
⑧現場からのボトムアップの改革は無理。「正しい独裁者」による上からの改革が必要。
⑨ＩＴ業界はすでにメジャーリーグ化。ロボティクス以外は日本人が戦うのは厳しい。
⑩今後のマネージャー像は「週刊誌の編集長」。毎日オープンイノベーションが普通に。

AIブームはあと2年で終わる

佐々木 **これから社会が大きく変化するとしたら、間違いなく、その大きなドライバーになるのはＡＩです。**塩野さんはＡＩの専門家でもありますが、今のＡＩブームをどう見ていますか？

塩野 ＡＩに関する大きなメッセージは２つあります。ひとつ目は、**「ＡＩブームはあと２年で終わる」**ということ。もうひとつは、日本企業において、**「ＡＩ問題は人事問題だ」**ということです。

佐々木 「ブームが２年で終わる」とはどういう意味ですか？

塩野 **あと２年で「ＡＩというものが普通になる」という意味です。**

今のＡＩを巡る状況は「インターネット前夜」に起きたことと似ています。まさにデジャヴです。インターネットは１９９０年代初頭に出てきて、93年にはモザイク、94年にはネットスケープが生まれて、インターネットのブームが起きました。

当時は、インターネットがＳＦのように語られていて、「インターネットで世界を旅できる」といった、今考えると面白いキャッチフレーズがあふれていました。インターネットを触ったり、見たりしたことのない人は、「インターネットを使えばワープできるんじゃないか」くらいに感じていた時代です。

それが90年代後半になると、ｅコマースやネット広告が出てきて、マネタイズが可能になりました。Ｙａｈｏｏ！やアマゾンが世界中に広がって、インターネットが一気に普通になっていったのです。

日本で言うと、インパクトが大きかったのは１９９９年に始まった携帯インターネット接続のＪ－スカイ、そして大ブレイクしたｉモードです。ネットでコミュニケーションを取るのが当たり前になって、電話の時代からジャンプしました。

ｉモード誕生から、ｅコマースや広告、少し遅れてゲームの課金ビジネスが生まれて、システマティックに儲けられるようになりました。つまり、何が言いたいのかというと、**ＡＩはネットよりも目立たずに日常に入り込んでいって、あと2年も経てば、普通になるということです。**

ＡＩはフランケンシュタイン

佐々木　では、**ＡＩが下火になるということではなく、インターネットのように空気のような存在になる**ということですね。

塩野　そうです。よく言われる話ですが、ＡＩが素晴らしかったのは、「アーティフィシャル・インテリジェンス」というネーミングです。人工知能のもともとの名前は、「ロジカル・プログラミング」とも言えますが、この名前だったら絶対に流行らなかったでしょうね。

佐々木　意味は伝わりますが、「世の中が変わる感」がありません。

塩野　でも、どう考えても、ＡＩは「ロジカル・プログラミング」なのですよ。

ですから、昔ながらの海外の人工知能学者たちは、「アーティフィシャル・インテリジェンスなんて、何でそんなハリウッド映画みたいな名前をつけるのか。正しくは、ロジカル・プログラミングだろう」と言っています。

ただ、アーティフィシャル・インテリジェンスと名づけたからこそ、世界中の人々の注目を集めることができました。ロジカル・プログラミングのままだったら、今、流行っていないと思いますよ。

佐々木　キャッチーな名前をつけるとブームが生まれるという、マーケティングのお手本のような話です。

塩野　ＩＢＭもずっとコグニティブ・コンピューティングと言っていましたが、結局、営業の人たちがＡＩと言い始めていますからね。

面白いのは、ＡＩという言葉には確たる定義がないことです。いろんな人工知能学者に定義を聞いても、人によってちょっとずつ答えが違います。全然アカデミックに精緻ではないのです。もっと正確に言うと、ＡＩとは、アカデミックな研究や周辺技術を寄せ集めて作った〝フランケンシュタイン〟なのです。

そういう意味で、ＡＩはInterdisciplinary（領域横断的）な応用技術です。脳科学から、ロジカル・プログラミングまで、人間の知能に似たビヘイビア（振る舞い）をさせるためなら何でも使う、という感じです。

今、ＡＩと言われているものは、マシーンラーニング（機械学習）であることが大半です。そこに応用として一部、ディープラーニングが入ってくるくらいです。ですから、「うちのAIが」と言っている話を「うちのML（マシーンラーニング）が」に置き換えても、ほとんど意味は通じます。MLと言うと何だか普通になってしまうので、AIと言っているだけの話です。

佐々木　AIが普通になるということは、マシーンラーニングが普通になるということですね。

塩　野　もっと正確に言うと、これだけAIについて啓蒙されたので、マシーンラーニングに何ができて何ができないか、わかるようになってきました。一言で言うと、マシーンラーニングとは、**「頻度が高い事象があり、そのデータがあれば、学習によって高い精度で認識、推奨、予測、仕分けなどができる」**ということです。

ただし、本質的に予測に向くものと向かないものがあることが、肌感覚で多くの人に伝わった結果、リーマンショックのようなものを予測しようとする人がいなくなったのが、今の状態なのです。

AI効果は地味

佐々木　**AIが一般的になっていく中で、ビジネスの世界でもっとも大きなインパクトがあるのはどの領域ですか。**

塩　野　絶対的には**エネルギー**でしょう。ただ、この分野は、楽しくもあり、楽しくないとも言えます。結局、（グーグル傘下の）ディープマインドのアルファ碁のチームが、その

ＡＩ技術を応用した領域はエネルギーです。グーグルのサーバーの冷却コストを最大40%落としたわけです。

この話は、「グーグルはそもそも極限までコストを最適化していそうなのに、まだそんなに削減できるのか」というすごい驚きがある一方、「空飛ぶ車」のようなワクワク感がありません。

佐々木 とにかく地味です。

今後は、アルファ碁の例のように、特定領域で膨大なデータを基にした最適化が人間を超えることが普通になっていくのです。

塩　野 **最適化という点で、有利なのはＧＥ（General Electric）のような企業でしょう。**

とにかく金額的に大きいものを扱っている企業でないと、ＡＩでコストを削減しても絶対額が小さくなってしまいます。何兆円、何千億円の１％を削減するのと、１００億円の１％ではインパクトが全く異なります。それだけに、エネルギーなどの規模の大きいビジネスのほうが効果的です。

ほかには、医療画像や創薬、生化学、分子生物学のウエットとドライを結ぶバイオインフォマティクス領域は有望かもしれません。とくに創薬は、一回ブロックバスター（売上高10億ドル以上を生み出す薬品）を生み出せたときのインパクトが大きい分野です。

そのほかのほとんどの分野は、「もとの金額が小さいと、ＡＩでコストを削減してもさほどインパクトがないよね」という話で終わると思います。

日本勢が音声認識で遅れた理由

佐々木　消費者向けビジネスでのインパクトはどうでしょうか？　ＡＩによる音声認識や翻訳はビッグ・ビジネスにつながるのでしょうか。日本でもアマゾンエコー、グーグルホーム、ＬＩＮＥのスマートスピーカー「Clova WAVE」などが発売されて注目度が上がってきています。

塩　野　音声認識と自然言語解析に関して、ビジネスとしてすごく大きいなと思うのは、**「人間に一番近いデバイスは何か」**という競争です。「スマホで勝負あった」と思っていたら、スマホより人間の近くに行ける唯一のものとして音声があったわけです。

これは前々からわかっていた話なので、われわれも3、４年前から「コンタクトポイント奪取のために絶対、音声認識を今やるべき」と日本の家電メーカーには提案していました。日本のメーカーはスマホでは負けてしまいましたが、コンタクトポイントをスマホより手前の音声にすれば、ゲームのルールを変えることができます。

しかも、海外勢からすると、日本語マーケットはビジネス的にも技術的にも少し後回しですので、今から1分1秒でも早く日本語データを集めれば先行できる。そう日本メーカーにはプレゼンしました。

佐々木　どんな反応だったんですか？

塩　野　動いてくれませんでしたね。２０１6年、「アマゾンエコーが数百万台も売れている」というニュースが出てきてから、危機感を持ち始めた印象です。「え？　アマゾンは家電が作れるの？」という感じで、アマゾンが家電を作ったことが衝撃だったのです。結局、「あれはわれわれでもできたのに」「ただのブルートゥーススピーカーで、技術的にはすごくないよね」という、日本メーカーのいつものパターンです。

佐々木　アマゾンエコーが出てきたとき、現地のアメリカ人が「最悪、何も使えないただのガラクタだったとしても、ブルートゥーススピーカーとして使えるし、持っているとちょっとアーリーっぽくてかっこいいよね」と言っていて、納得しました。最悪スピーカーとして使えるなら、１８０ドルは安いととらえたわけです。

なぜ日本メーカーは、技術的には可能であるにもかかわらず、音声認識に取り組まなかったのでしょうか。

塩　野　理由は2点あると思います。

ひとつは、**ソフトウエア分野が得意ではないと思っている点。**人がしゃべっているものを音声認識して、解析して、何かアクションを起こさせるという、ソフトウエアによる現実社会でのサービスビジネスを創った経験があまりなかった。もうひとつは、肌感覚として、**「消費者はしゃべらない」**と感じたのです。

佐々木　「しゃべらない」と思ってしまう気持ちもわからないでもないですが。

塩　野　家電メーカーの反応がよくなかったので、次に、自動車関連メーカーにも提案に行きました。当時のプレゼン資料を今でも覚えていますが、「車内で歌っている人は結構多いですよね」「高速道路を運転しながら、爆音で歌っている人は結構多いですよね」と

佐々木　説明して、「日本人にとって車内は相当なプライベートスペースで、しかも手が使えないので、絶対しゃべりますよ」と訴えたのです。

塩野　日本も地方は完全なる車社会です。

佐々木　そうです。だからこそ、「乗っている間に音声でいろんなことができたら、みんな使いますよ」とアピールしたのです。

塩野　結果はどうでしたか？

佐々木　家電メーカーの人たちよりも遠かったですね。「それってどういう仕組みだっけ？」「もう（アップルの）Ｓｉｒｉがあるよね」というレベルの反応でした。

「肌感覚」との戦い

佐々木　結局、音声認識の分野はグーグル、アマゾン、アップルの戦いで終わるのでしょうか。

塩野　ほぼ終わりですね。

佐々木　コンタクトポイントとして、音声認識はスマホに匹敵するほどの影響力を持つようになりますか。

塩野　音声認識とスマホが双璧になることはないと思います。結局はデータ量の問題ですので、スマホのほうが有利でしょう。ただ、「音声認識のマーケットがあるのか？」と聞かれれば、「あります」。それは、シニアマーケットです。

佐々木　ＩＴリテラシーが低くても、音声認識なら簡単ですね。

塩　野　そうです。そもそもスマホのフリック入力は、シニアにとっては画面が小さすぎます。スマホが出てきたときに、日本メーカーの役員レベルがその将来性を信じられなかったのは、肌感覚として「これは小さくて使いにくい」と感じたことが大きいと思います。

佐々木　感度が悪いということですか。

塩　野　感度というか、身体性です。やっぱり、自分の生き物としてのワクワク感がないと、テクノロジーの将来性は信じられません。例えばレーシックは、手術を受ければ、世界が変わりますが、身体的に危険に感じてしまいますよね。

佐々木　そうすると、意思決定者の年齢や生活スタイルがすごく判断に影響しますね。

塩　野　**偉い人の「あんなのダメだよ」という肌感覚と現場で企画する若者がどう戦うのかが、すごく重要だと思います。**

ロボットフレンドリーな家を作れ

佐々木　自動翻訳のポテンシャルをどう見ていますか？

塩　野　私も翻訳はやりますが、下訳を参考程度にやるくらいにはだいぶよくなってきました。ただ、プロフェッショナルなレベルから考えると、グーグル翻訳ではまだまだきついなと思います。参考にはなるレベルですが、プロの人間翻訳にはかなり遠い印象です。当分は、人間翻訳と機械翻訳のハイブリッドという形で、ＡＩが人間をアシストするという期間が続くのではないかと思います。

佐々木　ＡＩとロボットの融合領域はどうですか？　ＡＩを専門とする東京大学の松尾豊准教授は、**とくに「料理」と「片付け」のポテンシャルが大きい**と指摘しています。

塩　野　料理と片付けは、圧倒的にマーケットが大きいというのは同感です。とくに、難易度は高いですが、家庭内とオフィスの片付けをロボットがやり始めたら大変なことになります。市場は極めて大きいです。

佐々木　実現できる可能性はありますか？

塩　野　自動運転の議論と同じなのですが、環境側をいじれるのであれば、だいぶ楽になります。

今の自動運転の議論は、環境側、すなわち道路側をいじらないでどこまでやれるかを議論しています。もし車自体ではなく、道路側を変えることができて、自動運転バス専用レーンを作れれば、かなり実現性が高まります。何か意地になって、主体となる動く車のほうばかりを見てＡＩだけで頑張ろうというのは、実務的にはちょっと難しいと思います。**ただ、高速道路は既に自動運転で問題ありません。**

佐々木　例えば、大手不動産会社が作るマンションやオフィスをすべて自動掃除できる設計に統一すれば、一気に普及するかもしれませんね。

塩　野　そうです、**ロボットフレンドリー**です。これはすごく有望だと思っていまして、５年前くらいから提案しています。

佐々木　早いですね。

塩　野　なぜ早めに気づいたかというと、弊社は数千人のバス会社を経営しているからです。

バス業界は運転手が採用できずにとても苦労しています。

そうした体験から、私は小売業のクライアントに対して、「人間が採用できないなかで、コンビニの発想を完全に変えて、コンビニを大きな自販機ととらえるべき。大きな自販機はロボットフレンドリーでなければならない」と言っていました。

そう言うと、「でもやっぱり、人間のおもてなしが大事」という反論が来るのですが、「だったら、おもてなしがなくていい環境設計で考えればいいじゃないですか」と答えていました。朝の忙しいときの駅のキヨスクには、さほどおもてなしを求めませんよね。

佐々木　結局、**大きな自動販売機としてのコンビニを、ロボットフレンドリーで箱からワンパッケージで設計していかないと今後はビジネスがもたなくなるのです。**

それを先んじてやったのが、アマゾンが推進するＡＩを活用した無人店舗のアマゾンゴーです。

塩野　アメリカにはセルフレジ文化があるので、高度なＩＴによるウェアハウス（倉庫）型の小売は割とありうると思います。つまり、バカでかい商品倉庫のようなお店を作って、ＩＤを認識して、お客さんは自分で商品を取って、セルフレジで支払いをするという流れです。盗難防止さえ気にかければ、成功の可能性はあります。

そういう意味では、日本も人口減少により背に腹は替えられなくなり、コンビニのロボットフレンドリー化の必要性が高まります。それをやらないとたぶんコンビニのこれまでのビジネスモデル、例えば、フランチャイズ経営やドミナント戦略は根底から覆ると思います。

ただし、**こうした意思決定は、「正しい独裁者」がいないと無理なのです。**いわゆる**「将来絶対こうなるから、今からこれやっとかなきゃ問題」**です。

年功序列という宿痾

佐々木　**「正しい独裁者問題」**というキーワードが出てきたところで、もうひとつのテーマである**「AI問題は人事問題だ」**に移りましょう。これはどういう意味ですか？

塩　野　先ほどの音声認識の話にしても、**迅速にいいものを作りたければ、世界中から1年間3000万円くらいでベストな人たちを期限付きで雇って、チームアップすればいいだけの話です。**

しかし、日本の大企業はどこも、「うちの雇用体系、人事制度だとそういう人は採用しにくい」となって、競争の舞台にも立てません。その硬直化した人事制度の問題は極めて大きいと思います。日本企業では、年収500万〜600万円のエンジニアの隣に、高度なアルゴリズムを開発する22歳のサイエンティストがいて、年収2000万円もらうという世界は作れないのです。

佐々木　松尾先生も同じことを指摘していました。もうずいぶん前から「年功序列は終わり」という掛け声は聞こえてきますが、現実には、年功序列の壁を破れていません。

塩　野　私から見ると、年功序列は全然終わっていません。就活の新卒一斉入社の世界も全然変わっていません。むしろ、年功序列は〝今が旬〟のようにすら感じます。

佐々木　とくにもの作りの世界は変わっていないですね。メディアの世界も同じですが。

塩野　逆に、「年功序列ではない」と思う身近なところは、AI分野ぐらいです。実際、人工知能領域はかなりフラットで、師匠越えができます。これはほかの学問にはない特徴です。認知ロボティクスなども新しい成長分野なので、師匠越えができそうです。

例えば、法学は師匠越えが相当難しい。「何々先生の学説」に対抗するのは至難です。経済学も似たようなところがありますし、人文科学はどこもそんな感じです。

AIは、そもそも領域横断的でテーマも多岐にわたるので、本質的に、新しい価値を出しやすい。それなのに、「AI分野で新卒に高い給料を払うのは無理」と言っていると、トヨタのTRI（トヨタリサーチインスティテュート：トヨタがシリコンバレーに創設したAIの研究所）のように、海外に出島を作るしか方法がなくなってしまいます。海外で外国人が高い報酬をもらうのであれば許せる、しょうがないと思えるのは、不思議な話ですよね。出島戦略以外の方法がなくなります。

佐々木　**太平洋戦争においても、日本軍は最後の最後まで年功序列にしばられて、実力主義のアメリカ軍に負けましたが、また日本は年功序列で敗れるのでしょうか。**年功序列は日本に染み付いた宿痾《しゅくあ》なのでしょうか。

塩野　近代での例外が、明治維新のときの志士たちの年齢の低さですよね。田舎侍が、10代で表舞台に立ったのですから。そういうとらえ方をすると、やっぱり、**明治維新のような相当なイベントが起きない限り、日本は変われないのかもしれません。**

ＩＴはすべてメジャーリーグ

佐々木　ＡＩの誕生は、その「相当なイベント」になりうるのでしょうか。

塩　野　**ＡＩ問題を奇貨として、人事制度を一気にいじるというのは一案です。**

これに似ているのは、デリバティブが出てきた時代の金融業界です。当時、日本でも、興銀第一フィナンシャルテクノロジー（現・みずほ第一フィナンシャルテクノロジー）という会社が生まれて、報酬制度を大胆に変えました。金融工学の専門家たちを、20代でも数千万円払って集めて、デリバティブを作らせました。

日本にもそういう時代がありました。これが一瞬起きた、既存の人事制度への挑戦だったのです。

佐々木　結局、その試みは失敗したわけですね。

塩　野　２０００年代、日本の金融業界は活力を失って、ある意味、狩猟型、プロフェッショナル型の金融から、より商業銀行のほうに揺り戻しが起きました。その結果、「腕に覚えあり」という金融職人たちの行き先が、日本において割と行儀の悪い外資になったのです。

佐々木　リーマン・ブラザーズが典型ですね。ただ、金融の場合、外資という実力主義の場所があっただけ幸運とも言えませんか。日本にいながら、高給をもらい、日本支店とはいえ、ある程度スリリングな仕事ができたわけですから。

塩野　そうかもしれません。ハンターにとってはカオスのほうが楽しいものです。

佐々木　ＩＴ企業の場合、グーグルやアマゾンは日本のエンジニア人材を本気で採用しているのでしょうか。シリコンバレー企業の日本支社は、どこか営業代理店的な感じです。

塩野　私が知る限り、本気では採っていないですね。東大のできる理系の子でも、グーグルに行って、コアの仕事をしている人は多くないですね。周辺の仕事をさせられています。

佐々木　そうすると、エンジニアはやりがいのある仕事をするには、シリコンバレーに行くしかないのですか？

塩野　そうですね。今だとディープマインドのあるロンドンとかもいいですね。日本人の若手トップ研究者は海外の博士課程に行くのではないでしょうか。
　グーグルなどのテクノロジーの世界は、金融業界よりもさらにグローバルです。金融というのは、今のところ、まだマザーマーケットがあって、マザーマーケットを知っていることがすごく有利になります。ですから、外資の場合、稼いでさえいれば、「東京オフィスはよくわからないから、現地（東京）のあいつらに任せとけ」となるわけです。
　それに対して、グーグルの中で、社内のエネルギー効率を上げるプロジェクトがあるとしたら、世界のグーグルの中でベストオブザベストの中に入れないと、メンバーにはなれないでしょう。これはハードなつらい戦いです。

佐々木　メジャーリーグやサッカーの欧州チャンピオンズリーグの世界ですね。

塩野　ＩＴのほうが、金融よりも、世界でワンファームかつメジャーリーグな感じがします。

佐々木　Ｊリーグを作るという選択肢はないのですか？　チャンピオンズリーグは無理でも、

塩野　Jリーグで活躍できるレベルの人はたくさんいるわけですよね。

ただ、ITは世界競争ですからローカルリーグは作れません。すなわち、ソフトウェア完結、ネット完結の世界において、ローカルなのは自然言語ぐらいです。メディアやジャーナリズムの世界であれば、障壁を作れるのでローカルに意味がありますが、SNSやコミュニケーションの世界になると、すぐにグローバルになってしまいます。

ですから、松尾先生が言うように、**日本に可能性があるのは現実社会のロボティクスのほうでしょう。産業ロボットは日本がナンバーワンですので、「産業ロボット×AI」などの領域であれば、メジャーリーグになれる可能性はあります。**

「オープンイノベーションごっこ」をやめよ

佐々木　いったん、**年功序列を乗り越えられたとして、そのうえで、企業が成功するための条件は何ですか。**

塩野　一言で言うと、**企業は「課題ファースト」であるべきです。**企業はまず自社の課題は何かを定める。そのうえで、「課題解決のためには、どうやらマシーンラーニングが使える、しかし、自分の会社にはそのケイパビリティがない」とすると、その経営資源を持ってくればいいのです。

それは、ソフトウェアハウスの買収かもしれませんし、どこかの会社とのジョイント・ベンチャーかもしれませんし、人を採用して自社でやるのかもしれません。バリューチェーンの補完です。

そのときに、絶対に必要な条件は、**正社員での雇用をあきらめることです。**

佐々木　企業側が、プロジェクトマネジメントを担当して、外部のサイエンティストやエンジニアを集めてチームを作って、**「借り物競争」で何かを創り出す。それこそが、本当のオープンイノベーションです。**私が声を大にして言いたいオープンイノベーションに対する批判は、「なぜ課題ファーストでやらないのですか」ということです。

塩　野　課題なしにまずアイディアや人を集めたりする企業は多いですね。

大企業では、「何かいいことない？」とアイディアを公募したりしますが、あれは余裕のある「オープンイノベーションごっこ」です。

佐々木　そうではなく、経営は、一番でかい課題を真正面から解決しないとダメです。どの会社にも、「死んでもこれを成し遂げるんだ」という課題がゴロゴロあるはずです。

ただ、それくらい大きい課題になると、経営者のトップダウンでないと取り組めません。

塩　野　事実上、現場からは無理です。

佐々木　すると結局、**経営者の質がほぼすべて**という話になりますね。

塩　野　残念ながら、今はすごくそういう状況です。外部環境が「正しい独裁」を欲しているのです。

現場の一社員からすると、どこからどこまでが外部で、どこからどこまで内部を使っていいかを明確に切り分けてもらえないと、失敗したときが怖すぎます。失敗したときに「お前が外を使ったからだ」と必ず言われますから。そう批判されて、言い返せる現場はないですよ。

週刊誌編集長というモデル

佐々木　**課題を定めたうえで、経営トップが強い意志を持って、外部も含め最適な経営リソースを集めてくる。**それができた企業が勝者になるということですね。

塩　野　そうです。今後の経営の巧拙は、社外も含めて、AIサイエンティスト、ビジネスプロデューサー、エンジニアといったクリエイティブクラスをうまく飼っておいて、課題に合わせて最適なチームを組んで、感性、技術、資本を組み合わせて新しいビジネスを生めるかどうかで決まります。

プロフェッショナル人材、クリエイティブ人材に投資をして、いいものが生まれれば、自社のものにできる、という構造を作れた企業が大きな収益を手にできます。言い換えれば、**気持ちよく天才を放牧しておくといいことがある**ということです。グーグルにおけるディープマインドはまさにこれですね。ただ、そこでさえ人材は辞めて散ります。

佐々木　そうした形のマネジメントは、日本の一般的なサラリーマン社長に可能なのでしょうか。オーナー企業のように相当権力基盤が強くないと、難易度が高くないでしょうか？

塩　野　**サラリーマンでは不可能とは思いません。週刊誌の編集長はいい例です。**週刊誌の編集長は、社員記者、フリー記者、カメラマン、外部リソースをうまいこと組み合わせて、

佐々木　面白いものを作るという仕事ですから。

塩野　ある意味、〝毎日オープンイノベーション〟ですよね。

佐々木　そうです。新鮮味のあるネタがないと死んでしまうという話です。ですから、サラリーマンのリーダーでも別にできないわけではありません。

塩野　合理性とオープンイノベーションのカルチャーがあれば可能であると？

佐々木　できなくはないです。もっと言うと、**スポーツチームのマネジメントは完全にオープンイノベーション型ですよね。**グローバルでの選手や監督の取り合いですから、年功序列でやっていたら勝負に負けます。サッカーチームで「うちは年功序列だから」と言っていたら、もうカズさんしかいなくなってしまいます。

塩野　もうこれをやるしかない、と追い詰められることが大事だということですか？

佐々木　**切羽詰まって本気にならないと事は起きません。**例えば、旬な週刊誌の編集長だったら、毎日オープンイノベーションが起きる可能性はありますが、年功序列の新聞の経済部だったら、たぶんそんなことはないですよね。ですから、同じ業態であっても、カルチャーや危機感によって大きく違いが生まれるのです。

だって、NewsPicksだって、戦い続けないとすぐライバルにやられてしまうでしょう？

塩野　それはそうですね。常に新しい企画やアイディアを考え続けて、できるだけ早く実行するようにしています。最強のモルモットでありたいと思っています。

佐々木　戦い続けるためには、スピードやタレントを、極限まで追求する以外に道はありません。やらないとやられるという世界です。**まだ大企業の動きが遅いのは、「やらなきゃ、やられる」というほど追い詰められていないからでしょう。**

佐々木　するど、やっぱりスタートアップが増えてくることが大事なのでしょうか？

塩野　ただスタートアップも、すぐに大企業みたいになってしまうケースは多いです。

佐々木　それはなぜなのでしょうか？

塩野　自分で会社をマネジメントしていても思いますが、常にオフィスを歩いて、「こんなことをしているとうちはつぶれるぞ」と発破をかけ続けるのは、すごく大変です。私のように心の弱い人間には本当に大変です。ただし、そういう人間がいないと、どんな会社も惰性ですぐにダメになってしまうのです。

塩野 誠

松尾豊
『人工知能は人間を超えるか』
(KADOKAWA/中経出版)

ダニエル・ヒリス
『思考する機械コンピュータ』
(草思社)

小林雅一
『AIの衝撃　人工知能は人類の敵か』
(講談社)

人工知能学会(監修)
『人工知能とは』
(近代科学社)

尾形哲也
『ディープラーニングがロボットを変える』
(日刊工業新聞社)

二木康晴、塩野誠
『いちばんやさしい人工知能ビジネスの教本　人気講師が教える
AI・機械学習の事業化』(インプレス)

P・W・シンガー
『ロボット兵士の戦争』
(NHK出版)

士郎正宗
「攻殻機動隊」シリーズ
(講談社)

日経ビッグデータ
『グーグルに学ぶディープラーニング』
(日経BP)

斎藤康毅
『ゼロから作るDeep Learning―Pythonで学ぶ
ディープラーニングの理論と実装』(オライリー・ジャパン)

第4章

20代のうちに自分をリセットせよ

本章の10のポイント

①学歴はあてにならない。受験が簡単になり、昔のMARCHレベルで早慶に入れる。

②最近の学生は世界観が狭い。キャリアについて頭でっかちになってしまっている。

③20代に大切なのは、まずは失敗して「根拠のないプライド」をリセットすること。

④成長の必要条件は、コーチャビリティ。これがなくて成功した人を見たことがない。

⑤努力が結果に比例する「正比例ワールド」。ここで生きてきた学歴エリートはひ弱。

⑥仕事は「反比例ワールド」。頑張って失敗するときもあれば適当で成功することも。

⑦5～10年にわたる長期間の仕事に関する評価はフェア。努力は中長期的に報われる。

⑧属するコミュニティがすべてではない。今のコミュニティから逃げることも必要。

⑨嫉妬マネジメントが重要。嫉妬している自分を恥ずかしいと思う美意識を持てるか。

⑩20代は自分の師匠を見つけて、私淑するのがいい。世界を見渡せば、候補はいる。

学生にやる気がない理由

佐々木　**この章からは年代別に「知的なキャリア」を送るために大切なことについて話していきましょう。**まずは20代からです。

　最近の学生は、学生時代からインターンをしていて、おそろしく優秀な学生も増えているように感じます。その一方で、相変わらず大学教育は時代とずれている感が強いのですが、塩野さんはどう思いますか。

塩　野　大学はコンテンツとしては一応、揃っています。佐々木さんの母校であるＳＦＣ（慶應義塾大学湘南藤沢キャンパス）にしても、コンテンツとしては、あらゆる分野が取り放題ですよね。総合政策学系なら社会起業論から民法・刑法、国際政治まで、環境情報学系なら建築構法から遺伝子工学まで何でも揃っているように見えます。

　ただ、私が過去にＳＦＣで特別招聘教授の夏野剛さんの授業で講義をさせてもらって本当にびっくりしたのは、ＳＦＣでさえこれほどやる気がないのかということです。半分以上の学生が寝ていましたからね。

　ＳＦＣでの授業ということで、ベンチャーキャピタリストの仕事とは何かについて、グローバルの最先端情報から実際の仕事内容まで、しっかり作り込んで講義したのですが、それでも半分寝ていました。まあ、私の話が面白くないのかもしれませんが。

佐々木　なぜそれほどに学生はやる気がないのでしょうか？

塩野　自分にはベンチャーのファイナンスなんて関係ないと思っているんじゃないですかね。例えばエクイティ（株式）投資家の考え方はメガバンク内定の学生にとっても有用な知識なのですが、みな就活ゴールなので、就活が決まった瞬間に学ぶ意欲を失うんです。だったら授業に出ないで遊びに行けばいいのに。

佐々木　以前に比べて学生は真面目になったと言われますが、それでも寝るんですね。

塩野　**真面目に寝ます。**大学の大教室の様子は、1列目が超やる気ある人。2、3列目が真面目そうな人。残りは無関心な人。簡単に分類するとこんな感じです。

佐々木　学生が寝ていたら、夏野さんは怒らないのですか。

塩野　怒っていましたよ。とくに私語をする学生に対しては、「もう出ていけ」と激しく怒っていました。

佐々木　夏野さんもお忙しいのに、なぜわざわざSFCで授業をするのでしょうか。

塩野　そこは夏野さんがすごいなと思うところです。その講義をした後に、夏野さんのテスラに乗せてもらって東京まで話しながら帰ったのですが、「あれでいいんだ。あの学生の中で、社会人になった後に、『そういえばあのときベンチャーファイナンスについて学んだな』と気づくやつが数人出てきて、そいつらが大きな芽を出すから」とおっしゃっていました。「あいつらダメだから何もやらない」とあきらめるよりも、数人の可能性に賭けたほうがいいというのは100％おっしゃる通りだと思いました。夏野さんは、自分の持っているものを社会に還元しようという思いがあります。

学歴はあてにならない

佐々木　**一時、もっとも先鋭的と言われたSFCの停滞は日本の大学教育全体の問題と考えるいい材料になります。**一時期のSFCは、「未来からの留学生」をコンセプトにして、ITなどを中心に先進的な教育を行っていました。ただ、ITが当たり前になった今、SFCも普通の学校になってしまいました。

これはSFCに限らず、早慶全体にも言えることですが、とくに大きいのは、学校の近くで下宿する地方の学生が減ったことです。今や早慶合格者の7割以上が1都3県の出身者ですから。

私が典型ですが、以前は、慶應、湘南、ITといった言葉に憧れてSFCに入る田舎者が多かった。しかし、今では、普通に実家から通う都会人のための大学になってしまいました。慶應の三田キャンパスや早稲田に通う学生とさほど違いがなくなったのです。**やっぱり大学の周りに住む学生がいないと、大学の文化が育ちません。**電車通勤するサラリーマンのようになってしまって、みんなで夜遅くまで議論したりする学生時代にしかできない濃密な体験が減ってしまいます。

塩野　地方出身者と都会人の話も、第1章で話した「ハングリー&ノーブル」につながると思います。地方出身者はハングリーさが高い傾向があります。逆に都会で育って、システマティックに何もかも揃っていて受験勉強を提供されたら、実力以上の学歴を手に入れられる人はいっぱいいると思うんですよ。

一方で、独学で受験をする地方の人たちは、情報やインフラが揃っていない中、戦略的に勉強したりとか、自主的に計画を立てたりとか、プロジェクトマネジメントをしっかりやるはずです。その差は結構大きいのではないでしょうか。

佐々木　地方の神童が東大や京大に入ると、自分が一番でないことに衝撃を受けて、挫折する人がいると聞きます。世界は広いですし、挫折をバネに都会の中高一貫進学校出身者に変なコンプレックスを抱かずに、もうひと頑張りしてほしいと思います。

地方には、東大理Ⅲに受かる学生の大半が通う鉄緑会みたいな塾はないですもんね。例えば福岡の出身で東大の理Ⅲに入るのは、相当ハードルが高いでしょう。ライバルは、佐藤ママですからね（笑）。佐藤ママは関西在住で、子ども4人を全員、東大理Ⅲに入れているのは驚異的です。

塩野　今でも、学歴はビジネス誌の鉄板ネタです。世間は学歴についてずいぶん固定化した価値観を持っていますよね。ただ、実際に就活や新卒入社の数年目の現場を見ていると、もう大学名は全然あてになりませんよ。悪い意味で。

佐々木　どういうことですか？

塩野　文部科学省の18歳人口推移を見るときれいに右肩下がりです。1992年の205万人をピークに2007年は130万人、2017年は120万人です。受験生が減って大学も入りやすくなり、昔であれば、入学できなかったレベルの大学にも入れるようになっているということです。

日本のPISAスコアの推移

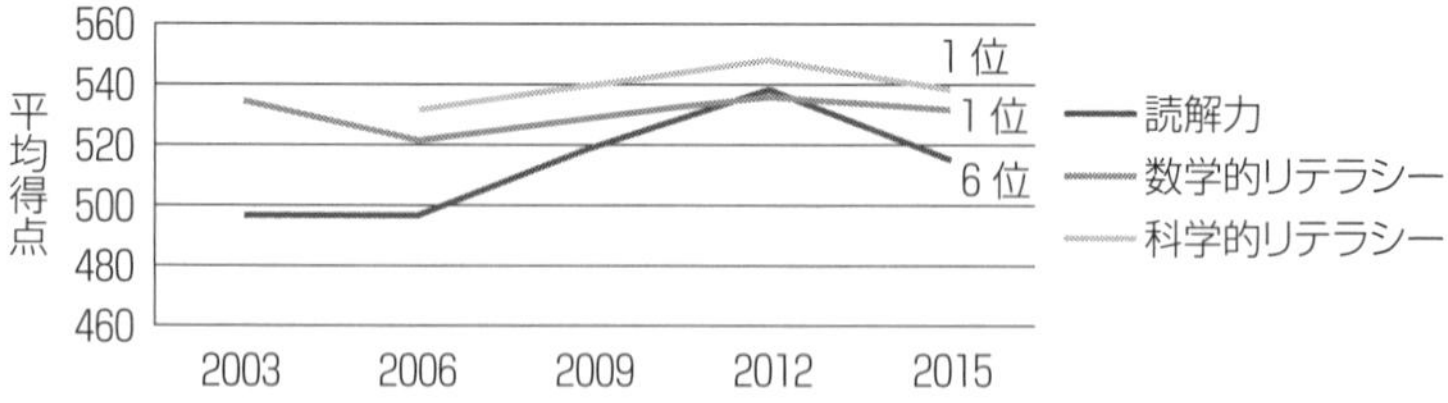

出所）文部科学省

佐々木　例えば、昔のMARCH（明治・青山学院・立教・中央・法政）レベルでも早慶に入れるというイメージですか。

塩野　そうです。残念ながら、**採用において学校名は参考にならなくなっています。**

佐々木　では、何で判断したらいいんでしょうか。

塩野　そこが今、本当に難しくなっています。あえて言うと、**偏差値やITのスキルといったことよりも、タフネスやレジリエンス（ストレスからの回復力）のほうが重要になってきています。**

佐々木　そもそも、今の日本の若者は、相対的に言うと、昔の若者より賢くなっているんでしょうか。ここで言う賢さは、ペーパーテスト的な偏差値に近い意味での賢さです。競争が緩くなっているとは言われますが、ＰＩＳＡの国際テストの結果を見ると、日本は未だに世界トップクラスです。

塩野　よく言われることですが、**日本は初等教育一流、高等教育三流ということです。**グローバルな大学ランキングであるTimes Higher Educationなどの算出方法に賛否あるのは理解していますが、あまりに日本の大学が入ってこない。これでは海外から優秀な学生が日本の大学に入りたいと思わないでしょう。

佐々木　つまり、大事なのは、高等教育をどう変えるかですよね。ただ、大学が変わるにはまだ数十年かかるでしょうから、大学はあてにならないという前提で、20代でどんなことを意識してキャリアを築いていくべきかを考えないといけません。

学生の世界観が狭くなっている

塩野　若い人にキャリアについて聞くと、「私は成長できるところに行きたいのですが、どこがいいですか」などと言われるのですが、その姿勢自体が受け身とも言えます。なかには、「モチベーションはどうやったら湧くんでしょうか?」と相談してくる人もいます。現状の認識について危機意識がないからこそ、そういう悠長な質問が出てくるのでしょう。実際には、思ったより早く、世界は変わっていています。

「成長できるところはどこですか?」という質問に加えて、結構よく聞かれるのが、「情報をどうやって取っているんですか」「普段、何を読んでいるんですか」という質問です。

そういう質問をする人に限って、かなり世間のトレンドに疎かったりします。ある意味で、フィルターバブルです。私は100人くらいの学生向け講演で、「今朝、新聞を読んだ人と月曜9時のドラマをリアルタイムで見ている人」に手を挙げてもらうのですが、だいたい1名くらいです。新聞は読まないけれど、情報は欲しいというのが今の感覚です。
　ある有名大学の就職課の人が言っていたのですが、**最近の大学生は、キャリアについて頭でっかちになっています。**小中学校時代から、「自分の将来の仕事について考えろ」といったキャリア教育が行われていますし、少子化の影響で大学にも割と簡単に入れてしまう。すると、大学生になって、ちょっと企業でインターンをするだけで、もう社会を知った気になってしまう。就活中の東大生に「企業は自社の戦略をすべて発表しているのだから、なんでまたそれを分析する必要があるんですか?」と真顔で言われたこともあります。

佐々木　最初の世界観が狭いんですね。

塩　野　本当の意味での競争の不在を感じます。つまり、時間がある学生時代ぐらいにしか、本当に集中して何かをすることができないじゃないですか。そのチャンスを逃してしまって、すごく中途半端になってしまっているのです。

佐々木　昔の学生に比べると、日本の大学生も勉強するようになっていますが、それでも世界水準に比べるとまだまだです。受け身でない、攻めの勉強はできていません。

塩　野　**最近、いろんな若手プロフェッショナルを見ていて思うのは、ひとつのことに深く入り込むことの重要性です。**学問でも、趣味でも何でもいいのですが、何かを深く学び、そこに存在する体系や構造を見つけ出す訓練が必要なのです。
　ある分野の体系や構造がわかれば、ほかの領域でも応用ができます。情報収集して、構造化して、答えを出す。このやり方に慣れているかどうかで、キャリアにすごく差が

佐々木　生まれます。若いうちに、そうした機会を得られなかった人は30代から伸び悩んでしまう。

そもそも、日本の大学は教養課程自体が弱いうえに、専門課程が始まったら、すぐに就活になってしまう。しかも、文系の場合、大学院に進むことは稀ですから、何かの領域を深く学ぶことが社会のシステムとして組み込まれていません。理系の学生以外で、何かの分野の法則性、構造を押さえている人はわずかです。自主的に勉強するぐらいしか道がない。

塩　野　佐々木さんが『米国製エリートは本当にすごいのか？』などで書いているように、教養、西洋式のリベラルアーツ教育は、長い目で見ると、役に立つんですよね。

コーチャブルか否か

佐々木　塩野さんは、22歳のときにどんな進路を選ぶと、今後求められるリーダーに近づけると思いますか？　正解は人によりけりだと思うのですが。

どういう進路でもいいと思うのですが、まずは**自分の無力さを知るべきですよね。挫折して、「本当に俺はダメだ、私はダメだ」と根拠のないプライドをリセットする。**そのうえで、また自分というものを作っていくべきです。そうした経験がないと、謙虚さと大胆さは生まれません。

塩　野

佐々木　その体験は、どこの会社でもできます。体育会系の野村證券なんていいかもしれませ

塩野　ん（笑）。営業で徹底的にしごかれて、売れない自分に向き合えますね。

佐々木　そう、どこでも経験できます。例えば、米国の海兵隊も入隊した後に自己否定を行い、一回リセットさせますからね。海兵隊は、「私は（I）」という言葉を使わせずに、「この訓練生は（This recruit）」と三人称で言わせるんです。

塩野　それは興味深い。**多くの学生は就活がゴールと思っているけれども、それは新たな自分の始まりであって、できるだけ早くリセット体験をして、生まれ変わることが大事だ**ということですね。

佐々木　その失敗を通じて、**「言い訳をしない一生懸命」**を実行できることが大切です。失敗したときに備えて、「実はあそこは手を抜いたからね。てへ」という言い訳を用意している人は、一生懸命やらないんですよ。一生懸命やって、失敗して、無力さを知らないと一流にはなれません。

塩野　わざと本気を出さずに、すかした態度を取る。それをかっこいいと思う。一生懸命な人を「寒いよね」と嘲笑したりする。そういう若い人は多いです。私の体験上、とくに慶應出身者はそういう人が多い（笑）。そうして**本気の失敗をしないまま、中途半端なプライドを保ったまま30代になってしまう人が多すぎます。**

佐々木　そういう人は周りにも残念な人扱いされますし、本人も生きにくいものです。

塩野　でも、日本の偏差値エリートは、そういう人が多数派ですよね。

20代前半で失敗をしないで、「一流企業の花形部署にいます」といった根拠のないプライドを持って30代になって、そこで挫折を味わうと絶対に心が折れます。これは本当

に大きな問題で、「自分の無力さと向き合う勇気があるか」がすべてです。

佐々木　折れる人と、折れない人を分けるものは何なのでしょうか？

塩野　起業家の例で言うと、十分条件ではないですが、必要条件と言えるのは、コーチャビリティ（Coachability：指導可能であること）だと思います。つまり、**いろんな人の意見やアドバイスをいったん受け止めて、何でも「イエス」と言うのではなく、自分に必要なものを咀嚼《そしゃく》する能力です。**

コーチャブルである人間は、本質的な賢さを持っていて、情報の非対称がある中で、自分にアドバイスをしてくれる人を利用できるんです。

佐々木　多くの人の教えをうまく吸い取れるので、どんどん成長していきます。

塩野　コーチャブルな人間は、多くの情報を吸収し、的確に取捨選択して意思決定していくので、意思決定の精度が増していきます。こうしたコーチャビリティがなくて、成功した人を私は見たことがありません。

佐々木　コーチャブルっていい言葉ですね。これもこの対談のキーワードになりそうです。

塩野　コーチャブルは、ベンチャーキャピタリストの頻出ワードです。コーチャブルか否かが、投資にあたっての大事な判断基準になりますから。自分の部下を見るときに、「コーチャブルかどうか」という視点で見ると、発見がありますよ。例えば、佐々木さんから部下のほうを見て、その部下が教えたことから学べる人間かどうかということです。佐々木さんが言ったことを受け止めて、改善できるかどうかが、コーチャブルです。

佐々木　あまりコーチャブルすぎると、上司色に染まってしまいませんか？

塩　野　でも、本当に頭がいい人は取捨選択していくので、「承りました」と言って、ちゃんと取捨選択します。

佐々木　一方で、無駄にプライドが高くてすぐにシャットダウンしてしまう人もいますよね。これは経営者などのメディア対応にも言えて、少しでも批判されると、正当な批判であっても、烈火のごとく怒ったり、取材拒否をしてくるタイプは、中長期的に伸びが止まる傾向があります。

塩　野　現状の20代で多いのはそのタイプです。**20代でコーチャブルでない人は、経営者でも、ビジネスパーソンでも、研究者でも、その時点でもう伸びません。**それはある意味、残酷な事実です。

佐々木　コーチャビリティがある学生かどうかは、インターンを一定期間すればほぼわかります。

塩　野　そうですね。インターンは、面接よりもいいと思います。

佐々木　コーチャブルであるかどうかを妨げる要因は、プライド以外では知性ですか。

塩　野　何と言っても、**根拠のないプライド**が大きいです。

プライドの中には、「間違えた、と言われたくない」「知らないでしょ、と言われたくない」といった、すごく卑近な話も含まれます。残念なことに、日本の知的ホワイトカラーの世界では、「私のほうが学歴が高い」とか「(塾の)サピックスで私のほうが順位が上だったのに」みたいなくだらない話が入ります。

佐々木　最低ですよね。

塩野　だから、そこを払拭できるかがすごい決め手になります。20代のキャリアにおいて、そこのプライドを払拭できないと、人生全体ですごく損です。

佐々木　折れやすい人の典型的な属性はありますか。

塩野　一言で言うと、やっぱり**怒られたことのない子が折れます**。あと、**できなかったことがない子も折れます**。ペーパーテストには正解があって、必要な情報が揃ったゲームですから、現実社会とは全然違うのです。いざ仕事をしてみて、できない自分に直面すると、どうしていいかわからなくなって、メンタルを病んでしまうんです。

佐々木　採用する際にも、失敗したことのない、ピカピカの経歴の人は警戒すべきですね。

塩野　経産省の人も、もし採れるのであれば、都内の中高一貫校出身者よりも、地方の公立や無名校から東大に入った学生が欲しいと言っていました。しかし、そういう人は数が少なくてなかなか採用が難しいそうです。

佐々木　東京では私立の受験が盛んですが、名門中高一貫校から有名大学という進路にはリスクがあるということですね。

塩野　例えば、桜蔭や開成に行けるくらいの学力があるのであれば、その後は海外の名門大学に行かせたほうがいいと思います。人間は同質性の中にいるだけで弱くなりますから、優秀な子どもは多様性のあるところに行ったほうがいいですよ。

佐々木　それに東京の名門中高一貫校は、男子校や女子校が多すぎます。私はやっぱり共学がいいと思います。同性ばかりに囲まれた生活しか知らないと、認識が歪みます。

塩野　男女が同じ環境で同じ職務に従事する今、同感です。

正比例ワールドと反比例ワールド

佐々木　その意味で言うと、電通の伝統だった、新人のときにパンツを脱ぐといった儀式は、プライドを捨てるために重要なのでしょうか。

塩野　かつては、それもコミュニティのメンバーになるためのイニシエーション（儀式）として、ひとつの方策だったのだと思います。会社のような新しいコミュニティに入る前に、自分が何者でもないということを知り、一度死んで、もう一度、自我を作っていくイニシエーションですね。

佐々木　ただ、こうした体育会系的なやり方は今の時代には受け入れられません。

塩野　だからこそ今は、そうした儀式に代わる何かを探すことが新たなチャレンジなのです。そうした儀式がなくなって、根拠のない自信を持って20代を過ごし、30代で突然、挫折して折れる人がいたら、その人はもう本当に立ち上がれません。それはより残酷な結果だと言えるでしょう。このままの状態が続くと、企業が体育会系の学生ばかり採るようになるでしょう。

佐々木　体育会系の学生を採るメリットは、それらの儀式をすでに終えていることですか。

塩野　そうですね。少しは不条理の存在を知っているということです。
偏差値を競うテストは、基本的に努力と正比例するものです。それに対して、仕事は全く正比例ではありません。どんなに頑張っても失敗するときはしますし、いい加減に

佐々木　やっていても、すごく成功することもあります。先ほどの「カオスにおける意思決定」の話とも通じますが、**日本のエリート、つまりは学歴エリートのひ弱さは、正比例ワールドで生きてきたことから生じていると思うのです。**

塩野　正比例ワールド。これまたいいキーワードですね。

佐々木　**努力すれば夢はかなうと考えるのは、ピュアすぎます。正比例ワールドともっとも遠いのは恋愛ですね。**いくら努力しても、好きになってもらえないどころか、ストーカー扱いされかねません（笑）。

塩野　まさにそうですね。とくに男性のビジネスパーソンは「親愛の表現も、好きな人にされたら愛情、嫌いな人にされたらセクハラ」と肝に銘じるべきです。

佐々木　若いときに失恋したり、恋愛経験を積んでいれば、世界や人間関係や人生は、理不尽なものだと嫌でもわかりますよね。

塩野　それは人生経験が作る器用さとも言えますね。大人とは他人との適度な距離を取れる人のことですから。

よくある残念な話としては、仕事でハングリーにガツガツやってきた男性がお金持ちになって、恋人や配偶者に対して、「何で俺がこんなに努力しているのに振り向かないんだ」「俺がこんなにいい生活させてやっているのに、何で感謝しないんだ」と思ってしまうことでしょう。これも恋愛や人の気持ちを正比例ワールドで考えているからです。想像力が欠如しているのです。そういう意味では、恋愛は一番正比例ではないですね。むしろ反比例することも多いでしょう。

佐々木　頭がとてもよくて、筑駒とか開成といった名門男子校に行くと、なかなか恋愛で敗北感を味わう経験ができないように感じます。私の通った福岡の中学は典型でしたが、地方の場合、ヤンキーが一番モテて、勉強ができても全然モテない。むしろ、勉強ばっかりやっている人は、いじめられやすい。

塩　野　秀才君をバカにしたりいじめるという日本の古風な文化はよくないと思います。

佐々木　頭がいいというのも、足が速い、サッカーがうまい、ピアノがうまいのと同じ大いなる個性ですからね。

塩　野　そうです。鉄ちゃんも虫博士も素晴らしい個性です。しかしながら、多様性を重んじる教師がいないと、そういう子どもは生きていくことが本当にきつい。だから、初等教育の教師には、生徒が憧れる真の意味でのエリートを配置すべきです。それにチャレンジしているのが、米国ＮＰＯであるTeach for America（ＴＦＡ）です。ＴＦＡは一流大学の学部卒業生を教員免許を持っていなくても2年間、教育困難校に派遣しています。ＴＦＡは米国の就職人気ランキングのトップ常連です。

佐々木　中高時代はもっとも繊細な時期ですし、子どもがすごく伸びる時期です。しかも、その時期は学校の世界が生活のかなりの割合を占めます。

塩　野　子どもは自分を理解してもらえる信頼できる先生がいないと、学校にいることが不安になってしまう。幼い時期は、絶対的安心としての親が存在していて、最後の安心ブランケットがある。それがないと、子どもは不安定になります。子どもがキレてしまうのは、周囲の環境を信頼できない不安定さが原因であることが多いのです。

仕事の評価は長期的にはフェア

佐々木　**大人になる前から、絶対的安心に守られつつ、正比例ワールドと反比例ワールドの両方を経験できるのがベストですね。**

塩野　そういうのはやっぱり早め早めがよいと思います。

佐々木　私も今振り返ると、人生の中で自然と反比例ワールドを経験させてもらいました。

中学時代はサッカー部でしたが、炎天下、水も飲めずに10キロも走らされたり、試合に負けて罰として走らされたり、何度くじけそうになったことか。中学にはヤンキーが多くて、その中心的存在が佐々木くんという名字の人だったので、彼が体操服を忘れると、同姓の私の体操服を貸さざるを得なかったり（笑）。

高校時代はサッカーに挫折して、モンモンとした日々を送っていたのですが、3年生のときに彼女ができて「一緒に東京に行こう」ということで受験勉強を頑張って二人ともめでたく志望校に合格したのですが、**東京に来た瞬間に振られてしまいました（笑）**。世の中は理不尽だなと痛感させられましたよ。

塩野　佐々木さんを振ったその彼女はどうしたんですか。

佐々木　東京の美容師と付き合い始めましたね（笑）。田舎者の大学生より美容師のほうがかっこいい。それはよくわかります。ですので、当時の私は、正比例ワールドの象徴である受験には勝ったわけですけれども、反比例ワールドの象徴である恋愛では完膚なきま

塩　野　でに叩きのめされました。神様は試練を与えますね。

佐々木　試練は神に愛されし者のみに与えられるということで納得しましょう。今となっては、私もそう思います（笑）。

塩　野　ひとつ思うのは、塩野さんが言うように、人生や仕事は反比例ワールドだらけで、カオスなのですが、中長期的には正比例ワールドになりませんか。つまり、しっかり努力をしていると、中長期的にはどこかで報われる。

佐々木　何だか畑っぽい話ですよね。蒔いた種がどんどん芽生えていくみたいな。私は上司に**「人生のバランスシートは最後にバランスする」**と言われたことがあります。

塩　野　とくに**日本の場合は大人があまり努力しませんから、地道にやっていると結構な確率で成功します。**

佐々木　その通りです。適当な業界ほど真面目にやると評価されるところがあります。すべては相対感ですから。例えば、誰でも3カ月で辞めるバイトを2年やっているだけで「君は鉄人だね」と言ってもらえる。ルーズな人が多い業界で真面目にきっちり働くと、ずっと食っていけますよ。

塩　野　その意味では、仕事は結構フェアな気もします。

佐々木　長期的には仕事の評価はフェアだと思います。

塩　野　長期とはどれぐらいの長さですか。

佐々木　5〜10年ですね。企業にいる人なら上司が変わる、お客さんが変わる、転職できる、という変化が起きたり、自分の評価が定まるくらいの期間という意味です。

コミュニティは逃げられる

佐々木　20代の人たちは、一般的な人間関係ではどういうことに気をつけるべきでしょうか。何を言いたいかと言いますと、今の若い子はスマホの空間ばかりにいてLINEで周りの友人とばかりコミュニケーションを取る傾向があります。あの空間は、完全に空気読むワールドですよね。恋愛は反比例ワールドでカオスへの耐久力が生まれるわけですが、LINEのコミュニケーションは、結構、受験勉強と近い世界なのではないかと思うのです。同じコミュニティでみなで正解を探し合っているように見えて、人間としての力につながる感じがしません。

塩野　私が若い人に言いたいのは、ちょっとラディカルな言い方かもしれませんが、**「コミュニティは逃げられる」「コミュニティは変えられる」**ということです。コミュニティはリセット可能だと思っていたほうがいい。

そう思っていないとつらいし、スクールカーストに代表されるような、狭いコミュニティ上のヒエラルキーがすべてになってしまう。SNSでさえ実世界のコピーになっていることが多いのです。でも本当は、そのコミュニティから逃げられるんだよ、と誰かが言ってあげたほうがいい。昔風に言えば、「この街から出ていけばいい」と教えてあげたほうがいいのです。

佐々木　矢沢永吉の成り上がりみたいに。たとえが古い（笑）。

塩　野　街を出て、ほかの街で成り上がるのは素晴らしいことだと思います。

佐々木　今の時代には、ネットでの記録が残るので過去を完全には消せないまでも、かなりは消せますよね。

塩　野　幸せに生きるためには、何でもロンダリングすればいいと思うんです。

佐々木　ただ、私のように福岡など地方出身者は「東京に出て生まれ変わる」というのがやりやすいですが、東京で育った人は逃げにくくないですか。東京にいる人は、地方に行きたくない人が多いと思いますので、海外に行くしかなくなってしまう。そこに閉塞感はないですか？

塩　野　普通はあるかもしれません。でも東京でも、ライフステージに応じてコミュニティは変えられますよ。例えば、子どもができることや転職など、今までと違う人たちと知り合って新しいコミュニティに入ることができます。

とくに若い人には今のコミュニティがすべてではないよと言ってあげたい。人間関係で心が折れないためにも。仕事の面でも、これは難易度が高いことは重々承知して言いますが、今の会社で心が折れてしまったのならば、早い段階で辞めることを考えてもいいと思います。親の期待に応えるためや友達への見栄で無理をして、今の場所にい続ける必要はありません。逃げるんです。

私は転職を6回ほどしていますが、まさに逃げまくりの人生です。チキンな逃げの人生でも何とか生きていけます。**壊れる前に逃げましょう。**

佐々木　とくに日本人にとっては、企業は大事なコミュニティですからね。いかに有名な企業

塩野　でも、無理してそこにい続ける必要はありません。

先ほどのプライドの問題で、「逃げる＝負け」だと思っている可能性があります。とくに影響が大きいのは、親ファクターです。自分の心を偽り続けて親の期待に応えようとして壊れてしまう真面目な人が多いのです。

明確にやりたいこともないけれども、親の言うことを聞いて、試験もよくできて、いい大学に入って、世間から優良と言われる企業に入りました。でも、企業で反比例ワールドを経験したとたん、くじけて心が折れてしまった。でも、親は、自分が優良企業に入ったことを周りにも自慢していて、そんな親の期待を裏切れない。自分も、この企業を辞めてしまったら、世間から負けだと思われるかもしれない。

こういう人にこそ、「逃げなよ」と早い段階でアドバイスしてあげないといけません。「親も含めて最後の最後はあなた一人だから」と言ってあげないと、心は折れ続けると思います。**あなたを守れるのは、あなた一人だけです。**

佐々木　ただし、そのやり方は、うつ病患者に対しては突き放しすぎではないかという気もするんですが。

塩野　でも、とにかく優しくケアをすればいいというものでもありません。「未来を自分で選びなさい」と言うほうが、その人にとってもプラスになる可能性はあります。だって、**仕事を変えるくらいで、人生が終わるわけではありませんから。**そして日本は意外と敗者復活戦ができる国だと思います。自分を敗者だと思って心を閉ざすのが一番よくありません。なぜなら、あなたのことはそんなに他人は気にしていないからです。

お祓いによるリセット

佐々木　それにしても、なぜ日本人はこれほど幼くなったんでしょうか。単に、以前から、同じような問題が存在していたのが顕在化しただけなのでしょうか？　昔はひとつの企業村でずっと生きていけたのに、今はいろんな村で暮らさざるを得なくなったので、問題が生じているだけなのでしょうか。

塩　野　それもありますが、ＳＮＳが生まれたことによって、表層としてのペルソナ、言ってみればＳＮＳ人格を演じないといけないのも大きいですよね。

佐々木　ＳＮＳへの傾倒は、折れやすさにつながるんですか？

塩　野　つながると思います。自己愛によって、他者のために自分の演じるものが肥大化するというのはよくあることです。華麗なライフスタイルをツイートしていましたが、詐欺容疑で逮捕された、ばびろんまつこみたいに。

佐々木　懐かしい（笑）。

塩　野　あれは極端な例ですが、こんなモンスターが生まれるんだということで感銘を受けました。誰にも頼まれていないのに、演じ続けるわけですから。

佐々木　何か自分を生まれ変わらせるため、リセットするためにいいことはありますか？

塩　野　日本の文化の中で、何かをリセットするためにお勧めするのはお祓《はら》いです。お祓いやみそぎという日本の文化は面白いですよ。これはリセット文化なんです。だから、**お祓**

いとかみそぎによるリセットは、心機一転のために要所要所でしたほうがいいですよ。

佐々木　例えば、新年は、西洋ではクリスマスの後の余韻ですが、日本では正月になるとすごいリセット感がありますよね。門松は年神様を迎え入れるものですが、毎年、新しく迎え入れて心機一転をはかっているのです。

塩野　その話は面白い。日本の文化は、ジメジメした村社会的なものばかりかと思いきや、その狭い空間の中で生まれ変わるために、みそぎやお祓いという機能があるわけですよね。伊勢神宮の式年遷宮などとも相通ずるものを感じます。

佐々木　そうしたリセット機能が日本文化にはしっかり組み込まれているわけです。「みそぎをすます」「心機一転」といった言葉も日常に根付いています。日本の神道や仏教から学べることは多いです。経営共創基盤には僧侶が二人いて、取締役の菱田は京都の僧侶でマインドフルネスの本も出しています。

塩野　その意味で、**今の日本の企業や個人に一番欠けているのは、リシャッフルかもしれません。**戦争を経験した世代というのは、みなプライドが一度崩壊して、生まれ変わっているわけですよね。個人的な実感としても、物心ついている年齢で敗戦を迎えた世代は、人間としての熟練度、迫力が違います。

あの世代は、みんながリシャッフルしたわけですからね。ホリプロの堀威夫氏が玉音放送を聞いた終戦の日の記憶に、「一面に雲一つない青空が思い出されますね」と言っています。終戦の日の青空を語る人はいますよね、心象風景も含めて青空だったのでしょう。

今の時代も、誰かが、企業も個人も「リセットしていいんだよ」と言ってあげたほうがいい。22歳の就活ゴールなんてもってのほかで、「あなたは何者でもないからね。逃げてもいいし、お祓いしてリセットしてもいい」と大人が言ってあげたらいいんです。

嫉妬マネジメントと美意識

佐々木　そうした助言をする「いい大人」の役割は、誰が果たすといいんですか？　親がいいのか、地域社会の人がいいのか、会社の上司がいいのか。全然関係のない第三者がいいのか。

塩野　リアルには、本当に誰でもいいと思うんですよ。でも、今の大人は自信がないから、そういうことを言えなくなっています。寿命が延びた大人も迷ってしまっているから。それに加えて、ポリティカル・コレクトネスが日本でも広がっています。部下に厳しくすると、パワハラと言われかねないので、「甘えるな」と言えなくなりました。

そもそも、誰かに対して真摯に怒るのはパワーも使うし、コストが高いじゃないですか。それなら、もういいやということで、怒りもせず静かに若い人を見切っている大人が増えました。そのほうが上司も楽ですから。でもそれは中長期的に見れば残酷な話です。

佐々木　私はしょっちゅう怒っています（笑）。でも怒るのは本当に難しい。信頼関係があって愛のある怒りであれば何とか伝わりますが、そうでないとパワハラと受け止められかねません。ただ、陰で批判するのは気持ちよくないので、できるだけ率直に話すようにはしています。

塩野　佐々木さんもそうだと思うんですが、「この部下が実力をつけてきたら、自分の立場が危ない」と思うことはないんじゃないですか。

佐々木　それはないですね。

塩野　佐々木さんは、むしろ「そう思わせてくれよ」という感じじゃないですか。

佐々木　そうですし、成長してくれたら、今私がやっていることを全部譲って私はほかのことをやります。

塩野　本当に頑張る部下がいたら、自分の経験も人脈も全部あげたいじゃないですか。そういう思いが何で通じないんでしょうね。

佐々木　部下の方に通じないですか。

塩野　通じないです。もっとも私は若い人の気持ちもわからないですが。

佐々木　私は通じている感じがします。

塩野　それ素晴らしいですね。どうして通じるのでしょうか。

佐々木　おそらく、健全な野心があるからだと思います。

塩野　野心があるのはいいですね。野心は能力のひとつです。

佐々木　あと、**部下が伸びてきたときに、「絶対に嫉妬をしないようにする」という美意識は育てないといけないですね。**

塩野　そうですね。嫉妬マネジメントは、普通の人にとってはすごく大事だと思います。

佐々木　私もそんなに立派な人間ではありませんので、１００％嫉妬がないというわけではなく、５％ぐらいは嫉妬することもありますが、それを抑えるのは理性だと思うんです。
相手が成長してきて自分を超えそうなときに、それを嫉妬するのか、認めてさらなる成長を応援できるのか。そのときに、少しでも嫉妬的なものをにおわせたら、部下は敏感に気づくと思うんですよ。だから最後は、嫉妬している自分を客観的に見たら恥ずかしくないですか、という美意識次第なんですよね。

人は変われるのか

塩　野　そこはメタな視点と、自分としての美意識だと思いますよ。では、**美意識はどうやって後天的に醸成されるんですか。**

佐々木　やっぱり家庭教育は大きいでしょうね。私は人を見るときに家庭教育を見ることが多くて、大人になって大きく変えるのは難しいと思っています。

塩　野　佐々木さんは、人は変わらない派ですか。

佐々木　そんなに大きくは変わらない派です。最近、NewsPicksに、『「０歳から6歳までの環境」が人生に及ぼす影響は大きい』というタイトルの記事を出したら、すごく批判が来ました。その内容は、ノーベル経済学賞の受賞者であるジェームズ・J・ヘックマン教授の研究を基にしたものなのですが、「幼い時期の環境で人生が決まるとなると、家庭環境が悪かった人が傷ついてしまうじゃないか」という批判が目立ちました。

塩野　そういう人はマット・デイモンとベン・アフレックが脚本を書いた映画『グッド・ウィル・ハンティング　旅立ち』を見たほうがいいですね。
やはり人生のどこかの時点で、誰かが絶対的安心を提供してあげられるかなんですよ。残念ながら、それがないとやっぱりキレてしまうんです。別に貧乏か裕福かはどうでもいいんですよ。ボロボロの家にカマドウマと一緒に住んでいても、幸せな子どもはいます。**大事なのは、誰かその子を完全に守ってくれる信頼できる人がいたか否かだけなんです。**誰でもいいから、一人いればいいんですよ。

佐々木　おばあちゃんでも誰でもいい。実の両親でなくてもいい。

塩野　そうなんです。その子どもの絶対に安心できる場所、人をどうやって社会実装するかという問いです。

佐々木　私は、自分の幼少期を振り返って一番ラッキーだと思うのは、家族の仲がよくて、祖父母にも、両親にも、姉にもかわいがってもらえたことです。それが人生の一番の財産ですね。

塩野　人は自分が年を取ったり、親になったりすると、なおさら有難さを感じますよね。
本当に邪悪な人とか、いろんな人を見てきましたが、子どものころの環境の影響は大きい。それを理解して、よい環境から子どもたちが漏れないようにしないといけない。社会全体で子どもをどう育てるかを考えて実装すべきです。

佐々木　やっぱり、**三つ子の魂百までという話は正しいですね。残酷な話でもあるんですが。**

塩野　残酷な現実を直視して、社会実装すべきでしょう。それがコストだと思う人は、子どもを「未来の納税者」と言い換えればよいのです。

絶対的安心とリスクテーク

塩　野　生まれと育ちの流れで言うと、『ヒルビリー・エレジー』は読みましたか。トランプ政権で注目されているラストベルトの物語です。悲惨な話ではなく、冒険譚や再生の物語としても読めます。

佐々木　まだじっくり読んでいません。労働者階級出身の白人男性が、イエール大学ロースクールのエリートになるというストーリーですよね。

塩　野　よい本ですので、絶対に読んだほうがいいですよ。現在のアメリカを語るうえでの必読書です。読むと、同書がアメリカにおいてベストセラーになった意味がわかります。

この本のイシューはまさに、**「不幸な生い立ちの人間が大人になって変われるのか」**ということなのです。そのひとつの答えは、やっぱり恋愛なんですよね。心から信頼できるパートナーを得ることで人は変わっていく。私は人は生きているだけで100点満点だと思っている派ですが、こういうふうに生まれ変わるのは素敵だと思います。

佐々木　ここ10年の邦画の中で、私は『八日目の蝉』が一番好きで何回も見ているのですが、それも似たテーマですよね。

塩　野　洋の東西を問わず古典的プロットかもしれませんが、面白いと思いました。

佐々木　井上真央さんが演じる主人公の秋山恵理菜は、赤ちゃんのときに父の愛人に誘拐されて、その後は実の母親との関係がずっとうまくいかなかった。そして自分はずっと誰にも愛されていないと思っていた。だけれども、自分の過去をたどる旅をしていくうちに、実は誘拐犯の父の愛人に深く深く愛されていたことに気づいて、最後に生きる勇気を得る。

塩野　それも再生の物語なんですよね。**人生は早い段階で再生をしないと、再生機能がつかないと思うんです。**

佐々木　リスクを果敢に取る人ほど、何があってもどうにかなる、守ってくれる人がいるという安心感に包まれています。逆説的ですが、**絶対的な安心こそが、リスクテーカーを生み出す。**極端に言うと、最近の日本人がこれだけリスクを取れないのは、愛が足りないからでしょうか。

塩野　いや、それはちょっと違う気がします。それよりも、堺屋太一さんの言う「日本＝天国論」のほうが大きいと思います。**天国のように快適すぎて、リスクを取る意味がわからない。**大企業の経営者と話をしていて感じるのは、本気じゃないことですね。あくせくしなくても生きていける天国ですから。

なぜ危機感が薄いのか

佐々木　経営者レベルでも、危機感がない人もたくさんいるんですね。

塩野　いますよ。より詳細に言えば、代表取締役社長とヒラの取締役では、全く違います。

佐々木　最終責任者とその他には大きな差があるのです。やっぱり頭のいい人たちが取締役になるので、そうした人たちは平取の楽しさをちゃんと語ります。

塩野　わかります。私もまさに平取ですので。

佐々木　相当の野心がないと、代表取締役のリスクは取らないですよ。サラリーマンワールドにおいても、執行役員、取締役、代取というレベルになると、血みどろの政治をやっていますので、ひとつのグレート・ゲームではあると思います。

塩野　大企業の経営陣の場合、順風満帆のキャリアで来た人も多いでしょうから、経営陣として初めて「プライドの崩壊」を経験することも多いでしょうね。

佐々木　不祥事などで大企業の経営陣のプライドが崩壊した際には心が折れて辞任するか、完全に意固地になって「君たちはわかっていない」と言い続けるかのどちらかですね。

塩野　日本の大企業が変われないのは、まだプライドの崩壊具合が足りないからなんでしょうか？

佐々木　電機業界などは、デジタル領域での敗戦を認めずにここまで来た感があります。

塩野　徹底的に叩きのめされたほうがいいのかもしれません。

佐々木　『シン・ゴジラ』でも表現されていましたが、焼け野原から立ち上がれる力があるのかどうかという問いでしょう。

3・11も、もうちょっと東京にダメージがあったら危機感が違ったはずです。私も当日のことは覚えていますが、命の恐怖を感じるほどではありませんでした。家と会社が近かったので、普通に歩いて帰りましたし。

塩野　私もずっとミーティングしていました。今、思えば危機意識が足りなかったですね。

佐々木　3・11が日本の真の変革につながらなかったのは、東京人の危機感が薄かったからだと思います。

塩野　その文脈だと、先ほどお話ししたように、北朝鮮のミサイルの破片が落ちて死者が出たりしたら、国民は準備不足で過剰反応すると思います。

佐々木　縁起でもない話ですが、日本政府の無能力に憤った人が、テロや首相暗殺などをたくらむおそれもありますよね。戦前のように。

塩野　そういったシミュレーションを設定できたけれど、書ききれなかったのが、村上龍の『愛と幻想のファシズム』と『希望の国のエクソダス』ですね。両作品とも広告代理店っぽいんです。イシューは面白いのですが、ディテールにリアリティがなくて苦笑してしまうみたいな。

佐々木　暗殺というのはときに歴史の流れを変えます。日本の近代史で言うと、伊藤博文と原敬《たかし》の暗殺がなかったら、今の日本はもうちょっと違ったかもしれません。

塩野　将来的に暗殺はナノロボットで行われるようになると思います。すると暗殺が容易になりすぎてしまう。知らないうちに蚊の形をしたナノロボットが飛んできて、刺されて死んでしまうみたいな。

佐々木　怖いですね。ドローン戦争を描いた映画『アイ・イン・ザ・スカイ』では、偵察機として虫ロボットが出てきますが、あの世界が当たり前になるということですよね。

塩野　テクノロジー的には確実にその方向に進んでいます。そうした殺人や偵察が容易になった世界はどうなるのだろうと思います。これも今後のグローバルイシューですね。

20代は私淑せよ

佐々木　最後にこの章をまとめると、**20代はとにかくプライドを蹴散らされて、新しく生まれ変わる経験が大切だということですね。**そこでいろんな経験をしていって、失敗をしながら這い上がっていくべきだと。

塩野　メッセージとしては、**「一度、本当にリセットを考えたほうがいいですよ」**と**「あなたは何者でもないですよ」**ですね。あとは**誰かに私淑《ししゅく》するのはいいと思います。**

佐々木　師匠を作るんですね。

塩野　ええ。会ったことがある人でも、会ったことがない人でもいいので、ああいうふうになりたいなという人を探す。社内やコミュニティでロールモデルを作るのもいいです。ただ大事なことは、**師匠とはあくまで超えるべき存在である**ということです。

佐々木　憧れるだけではダメだということですね。

塩野　そうです。むしろどこかの時点で、**「昔は偉大だと思ったけれど、いつのまにか超えちゃったな」と思えたら最高です。**

佐々木　その意味でも、誰が上司になるかはとても重要です。スタートアップであれば、ある程度、上司に目星をつけて入社することもできますが、日本企業では多くの場合、完全に運任せになってしまいます。

塩野　**上司との出会いはとても大切です。**仕事の全体感を教えられず、細切れのパーツだけ発注されている人はやがて病んでいきます。**優秀な上司とは、仕事の全貌を伝えて「あなたは全体のうちのここをやっている」と明確に示す人です。**

佐々木　もし不幸にも上司に恵まれなかったら、全体感を自分で考えて、仕事のインパクトが感じられるように自分で工夫していけばいいです。

塩野　大企業は結構いろんな仕事が存在しますから、自分のメインの仕事でなくても、興味があれば手を挙げてみるのもいいですね。本を読んだり、学校に行ったり、思考することに時間を使ってもいいですし。

とにかく20代は思考の密度を上げる時期です。吸収し、自分の中で考察し、自分のものとして蓄える。その訓練を積まないと、**顔が「バカっぽく」なります。**性別を問わず、年齢を重ねるほど、いい顔と悪い顔の差がつきます。思考の浅さは顕著に顔に出ますからね。そういう人がいませんでしたか？

佐々木　確かに（笑）。顔は男の履歴書と言いますが、20代でも顔に出る人は出ますよね。**いい顔になるためには、とくにどんな仕事を20代ですべきですか？**

塩野　全体感から仕事のインパクトを把握するために、できるだけ早く、**「過疎地の駅の駅長」を目指したほうがいいです。**過疎地の駅の駅長は、自分一人で多くの業務をこなし、乗客の生命を預かり、自分一人で判断を下さなければならない存在です。

過疎地の駅長さんは花形ではないかもしれません。でも20代では組織のどのパーツにいても、自分の仕事の責任を果たすことです。そうやって信用を蓄えていけば世界があなたを見つけてくれます。

よき上司の条件

塩野　佐々木さんは20代で私淑する人はいましたか。

佐々木　いましたね。元「週刊東洋経済」の編集長として部数を大きく伸ばし、今は、取締役として出版局長をやっている山崎豪敏さんです。直属の部下だったことはないんですが、いろいろなことを教えてもらいました。

塩野　例えばどういうことですか。

佐々木　文章の書き方とか、構成・編集の仕方とか、企画の切り口とか、写真の選び方とか、レイアウトの作り方とか。そのすべてにセンスがあふれているのです。最初に自分の原稿を編集してもらったときは、同じ原稿とは思えないほど見違えたものになって、感動したことをよく覚えています。

塩野　それはすごいですね。

佐々木　東洋経済は真面目な社風で、記者っぽいカルチャーが強いため、どう美しく文章を書くか、デザインを作るかという意識があまり高くありません。そんな会社の中で彼は異質で、ジャーナリズムとクリエイティビティを両立させていたんです。そして外見も俳優みたいにかっこいい（笑）。

塩野　ジャーナリズムとクリエイティビティの両立は難しいですよね。だからこそ、そこに

佐々木　は価値が生まれて、人がお金を払ってくれるのでしょう。

塩野　だいたい、ジャーナリズムを謳って商売やデザインに疎い人か、ビジネスには長けていても真の公共心を持ち合わせていない人か、どちらかのタイプが多いですね。双方の融合ができているメディアやメディア人は希少です。

佐々木　私がすごいなと思うのは、ロンドン発の雑誌メディア「モノクル」です。外交から文化、ローカルフードまで各国のトレンドをきれいにカバーしています。

塩野　タイラー・ブリュレですね。BBCの記者としてキャリアを始めて、その後は紙メディアに転身。2007年には創業者としてモノクルを立ち上げて、紙、ウェブ、ラジオ、動画とマルチメディアで発信しています。ビジネスマンとしても優秀です。

佐々木　タイラー・ブリュレは、ジャーナリズムとクリエイティビティとビジネスを融合させています。ショップまで作って、モノクルグッズを売っていますからね。

塩野　しかも銀座の阪急にカフェまでありますしね。多才な人です。

佐々木　タイラー・ブリュレも興味深いですが、私が尊敬するメディア人の一人は、元「エコノミスト」誌編集長のビル・エモットさんですね。

塩野　ビル・エモットの最新著である『「西洋」の終わり』はいい本です。日本についても一章を割いて提言を記しています。その一章は少し偏りを感じましたが。

佐々木　私も今のところ、2017年のベスト本のひとつです。世界をテーマにした本は、アメリカや中国に寄りがちだったり、政治か経済によりがちだったりするのですが、『「西洋」の終わり』は、米国、英国、日本、スイス、スウェーデンなどの国を多角的に扱い、共通の病を浮かび上がらせています。こうした作品を書けるジャーナリストは、世界でも数えるほどしかいません。

塩野　今の日本では、ビル・エモット氏と対等に話せるジャーナリズム分野の知性は思いつきません。

佐々木　エモットさんは、36歳で「エコノミスト」誌の編集長に就任して、大きく部数を伸ばしています。ジャーナリストとして優れているだけでなく、リーダー、ビジネスパーソンとしても優秀だったわけです。

先日、エモットさんにインタビューする機会があったのですが、想像通りの人でした。思考が本質的で深く、フェアネスや平等といった理念を大事にしている。透徹した知を感じました。そして、挑戦者に優しい。「NewsPicks、頑張れ」と応援してくれました。次の本のテーマが「日本の女性リーダー」である点にも、時代を見抜くセンスを感じました。

塩野　**もし日本に私淑する対象がいなくても、世界を見回せば、きっとロールモデルはいるはずですので、ぜひ20代のみなさんには、いい心の師匠を探してほしいですね。**

生きたくても生きられない人はたくさんいます。健康ならリスクを取りましょう。

第4章：20代で読むべき10冊

塩野 誠

シェイクスピア
『オセロー』
（新潮社）

知覧特攻平和会館
『いつまでも、いつまでもお元気で』
（草思社）

半藤一利
『昭和史』
（平凡社）

塩野誠
『世界で活躍する人は、どんな戦略思考をしているのか？』
（KADOKAWA／中経出版）

安部直文
『全図解　日本のしくみ The Complete Guide to Japanese Systems』
（IBCパブリッシング）

佐々木紀彦

夏目漱石
『私の個人主義』
（講談社）

福田和也
『岐路に立つ君へ―価値ある人生のために』
（小学館）

中島義道
『カイン―自分の「弱さ」に悩むきみへ』
（新潮社）

竹中平蔵・阿川尚之
『世界標準で生きられますか』
（徳間書店）

ルソー
『人間不平等起源論』
（光文社）

第5章

30代はリーダー経験を必ず積むべし

本章の10のポイント

①30代になると、「自分はここで生きていくんだ」という方向性がいくつか出てくる。

②30代は、リーダーとしてマネジメントする経験が必須。部下の数は何人でもいい。

③リーダーを経験しないと、リーダーに対してどんな情報を提供すべきかがわからない。

④30歳でテーマが絞り込めたら、制限を設ける必要はない。領空侵犯をやってもいい。

⑤部下の最大関心事は何か、何をインセンティブとして働いているかを見抜くのが重要。

⑥グローバル企業のトップマネジメントは、普遍的な価値観を提示しないといけない。

⑦思想や価値観を語るソートリーダーの領域と、ビジネスのマネジメントは近づいている。

⑧英語学習は「花粉症」みたいなもの。長期間コツコツと努力すれば後退しにくくなる。

⑨価格の変動幅があるリスク資産への投資は、若いうちに始めるのがお勧め。

⑩20代は貯金ばかりするよりも、どんどん自分に投資するほうが明らかにリターンが高い。

マネジメント経験が必須

佐々木　前章は20代でやるべきことについて語りましたが、30代になると20代とは何が変わるんでしょうか。

塩　野　**30代になると、この場所で生きていくんだという方向性がいくつか出てきますよね。**キャリアを掛け算することが大事だと話しましたが、その掛け算する要素が明確になってきます。ジャーナリズムの分野だったら、自分は「IT×東南アジア」だとか、「この分野は一流にはなれないので捨てよう」とか、今後の生き方を決めていく段階に入っていきます。仕事の取捨選択がある程度はっきりしてきます。

佐々木　20代では、今までのプライドを一回ガラガラポンして、あらたに「自分2・0」みたいなものを作り始めるのが30代だということですね。私も30代が終わろうとしていますが、30代はやっぱり楽しかったです。

塩　野　そう言い切れるのは、相当幸福ですよ。

佐々木　ただ、30代は過ぎるのが速い。あっという間でした。私が、20代と30代はとにかく「チャレンジ童貞」を早く捨てて、チャレンジしまくったほうがいいと口酸っぱく言うのは、それぐらい過ぎるのが速いからなんです。

塩　野　20代は永遠かと思ったら、30代は20代より断然速くて、気づいたら終わっていたという感じですよね。

佐々木　それだけに、小さいチームでもいいので、**30代でリーダーを経験できるかどうかは大きいですね。**

塩　野　リーダーとしてチームをマネジメントする経験は必須です。**組織の形態とか、マネジメントする人数はあまり関係ありません。**リーダーである限り、どんな形でもマネジメントは難しいですから。例えば、自分の下でマネジメントする人数が少なければ、その濃さがつらいですし、多ければ多いで、本当に目が届いているのかという別の難しさがあります。

いつも感じるのですが、巨大M&Aも、小さいM&Aも、難しさは一緒なんですよ。どんなM&Aにも人間が関わっていれば、難しさがあるので、サイズ感はあまり関係がありません。

佐々木　リーダーとして、あくが強い数人を率いるのは、従順な20人を束ねるより難しいのと同じですね。

まずリーダーをやってみよ

佐々木　そもそも、なぜリーダー経験は大事なのでしょうか。

塩　野　**リーダーになったことがないと、リーダーの難しさを実感して、ほかのリーダーの内面を想像することができないからです。**

佐々木　いわゆるフォロワーシップさえ身につかないということですね。

塩　野　そうです。それに、リーダーをやったことがないと、意思決定者であるリーダーに対してどういう情報を提供していいかもわかりません。

佐々木　アメリカでは、小学校や中学校のときから、意図的にいろんな生徒にリーダーを経験させますよね。ああいう強制的にリーダーをやらされる仕組みはやっぱり大事かもしれません。日本の場合、部活でキャプテンをやったり、生徒会に入ったりするしか、リーダー経験を積むチャンスがありませんので。

塩　野　たぶん、それはアメリカが素晴らしいということではなくて、今の日本にリーダーシップを取る機会があまりに欠如しているということだと思います。

佐々木　塩野さんは幼少期をアメリカで過ごしているだけに、説得力があります。私のようなドメスティックな日本人は、ついアメリカはすごいと思ってしまう（笑）。

塩　野　NewsPicksでも過去に、「私は、アメリカがあまり好きではありません」と発言していますからね。

佐々木　あの意見は印象的でした。理由は「人が死ぬから」でしたよね。銃社会のアメリカでは、日本では考えられないくらい日常的に人が死んでいく。

塩　野　そうです、銃社会はアメリカの宿痾です。

佐々木　アメリカを理想化するわけでなく、若いころから、リーダー経験を積むチャンスが増えれば、「意外と私はリーダーに向いている」「人に言うことを聞いてもらうのは難しいな」といった発見があるはずです。

それは大人にも言えて、日本人の大人はリーダー経験が少ないだけに、いざやってみたら、結構ブレイクすることもありえます。**過去にリーダーをしたことがないからといって、「自分はリーダー向きではない」と思い込まないほうがいいですね。**

塩野　同感です。経営という人間の営みの面白さは、部下としては全然使えなかった人に地位を与えたら、すごくブレイクすることがあることです。

部下時代は、与えられた仕事をうまくこなせずにミスが多かったのに、上司になったら、程よく部下を放置して、程よく面倒を見て、決めるところは決めるいい上司になる――そんなことはよくあります。経営にはそういうアンビバレントな面白さがありますよね。

佐々木　**だからこそ30代は何でもいいから一回リーダーをやることが大事です。**

塩野　**「悩んでないで、まずはリーダーをやってみろ」**と言いたいですね。

領空侵犯をためらうな

佐々木　リーダー経験を積むこと以外に、30代で「自分2・0」をちゃんと作り始めるために大事なことは何でしょうか。

塩野　30歳である程度テーマが絞り込めたら、そのテーマを深めるためには何も制限を設けるなということです。

佐々木　それはどういう意味ですか。

塩野　**追求するテーマのためなら、さまざまな分野に領空侵犯をしてもいいということです。**

佐々木 あるテーマにアプローチするために、全く違う領域に飛んでもいいということです。

塩　野 例えば、国際政治学者の三浦瑠麗さんは、政治家の高村正彦さんと、憲法論争をテーマにした『国家の矛盾』という対談本を出しています。その中で、国際政治学者が法学者の領空を侵犯することをためらう発言があったのですが、そこは意外でした。それほど、2つの領域には侵してはならない壁があるのかと。

佐々木 アカデミズムの世界はとくに専門ごとの縄張りが厳格そうです。

アカデミアもビジネスもどんどん領空侵犯すればいいと思うのです。その典型が経営共創基盤CEOの冨山和彦です。

塩　野 領空侵犯しまくるには、それだけの知力がないといけません。冨山さんを真似するのはかなり難易度が高い。

佐々木 冨山は経済、政治、法律から文化、最新ポップカルチャーまでカバーしています。まさに知の怪物。

塩　野 冨山から学んだことは2つあって、**「領空侵犯してもいい。どんどん攻め込んでもいい」**ということと、**「世界の半分は敵になってもいい」**ということです。

佐々木 冨山さんでも、何かミスして謝ることはあるんですか？

塩　野 謝りますよ。

佐々木 それはかっこいいリーダーですね。

塩　野 一方で、この人と戦うのは大変だから、戦う領域をズラそうと私自身は思いました。

佐々木 「AI×ビジネス×法律×倫理」の領域にも、塩野さんはいち早く進出しました。

塩野　そうですね。その道の専門家がいる中では、弱者はズラして掛け算しないとビジネスでは戦えませんから。

最後は想像力の問題

佐々木　塩野さんは部下のマネジメントでディテールを見ていくタイプですか？

塩野　結構、ディテールを見ていきます。佐々木さんはどうですか？

佐々木　私は全然、ディテール派ではないですね。たまにディテールを見て、突っ込んだりしますが、基本的には丸投げタイプです。

塩野　それはたぶん、いい大将じゃないですか。

佐々木　いいえ、人によりけりだと思います。ある人にとってはいい大将でしょうけれど、まだ育成が必要な人や細かくフィードバックしてほしい人にとっては、放置プレーがいきすぎるダメなリーダーだと思います。

塩野　承認欲求もありますしね。

佐々木　自分もマネージャーの視点や経験を持っている人は、放置プレーでもどんどんテーマを見つけて、自ら成長していきます。その意味では、組織全体のマネージャー力、リーダー力が上がると、リーダーシップもあまり必要なくなってくるのかもしれません。

塩野　やっぱり30代のキャリアは、リーダー、マネジメント経験が大事ですよね。**3人でもいいから、部下をまとめて、決断を下すことを体感したほうがいい。**

佐々木　**30代でリーダー経験が少しもなかったら、40代以降は未来がないですよね。**

塩　野　まあ、マネジメント人材としては厳しいでしょうね。

佐々木　「リーダー童貞」を捨てる最後のチャンスが30代だということですね。

塩　野　そうです。そのときに何を見るべきかといえば、人々のインセンティブです。

佐々木　どういう意味ですか。

塩　野　その**部下の最大関心事は何か、何をインセンティブとして働いているのか、生きているのかを見抜くことです。**

もしかしたら部下は最近生まれた赤ちゃんのことを考えているかもしれないし、もしかしたら親の介護に集中したいと考えているかもしれません。その個々のインセンティブというものをどれだけ見極められるかだと思うんです。だって人間ですから。

佐々木　そこは結構、人生経験の広さと深さがものを言うかもしれません。

塩　野　人生経験も含めて人間を知ることでしょう。「俺がこんなに目をかけてやっているのに、何でお前は頑張れないんだ」と聞いたら、「いや、最近生まれた子どもがいて、子育てのほうが仕事より楽しいのです」という話かもしれませんから。こういう相手のインセンティブを考える経験を30代で積まないと、マネジメントはなかなか難しい。最後は、想像力の問題です。

佐々木　想像力という点では、やっぱり結婚して子どもを持つということは、リーダーとしてプラスになるのでしょうか。

塩　野　今の世の中においては、そうは言い切れないですね。結婚して子どもがいても想像力がない人もいれば、独身でもきめ細かい想像力がある人もいますから。

それぐらい現在の世の中は多様になっていて、モデル家族が不在なんですよ。役所が言うような、「お父さん、お母さん、お兄ちゃん、妹」みたいな家族はもうフィクションでしかありません。それがゆえに、自分とは違う種類の人たちに対する想像力が、より一層必要になっているんです。もしかしたら、部下の男性は同性のパートナーと暮らしているかもしれないし、同僚の女性は未婚の母として息子を育てているかもしれません。

日本ですらライフスタイルの多様化が進んでいるので、**グローバル企業のトップマネジメントとなると、人種や宗教も含めて、相当いろんなパターンに対する想像力が必要になります。**最近はインクルージョンという米国的な言葉でも表現されますが、多様性に対する寛容性を持ったうえで、普遍的な価値観を提示しないといけません。それぐらい大変なわけです。

リーダーは、思想家たれ

佐々木　それに比べると、日本の経営者は甘っちょろいですね。

塩　野　甘いという表現がいいかは別として、もっと準備すべきでしょう。もしも自分がトップマネジメントになってしまったら、膨大な勉強が必要ですよ。

佐々木　それはファイナンスとかＩＴといったテクニカルなものというより、むしろ人に関しての勉強ということですよね。

塩野　そうです。グローバル企業のボードメンバー（役員）になってしまい、価値観を急に問われたときに、自分の信じる価値観を自分の言葉で語れないといけません。現在のビジネスシーンはそういう世界であることを、日本人はもっと知らないといけないのです。

佐々木　そういう意味でも、**思想や価値観を語るソートリーダー（Thought Leader）の領域と、ビジネスリーダーの領域は近づいていると思います。今は企業行動に「エシカル（倫理的な）」という形容詞がつく世の中です。**

塩野　**経営者は、ビジネスに長けているだけでなく、思想家でないといけないわけですね。**

佐々木　それが必須です。その準備を30代のうちにしておかないと、40代でマネジメントになっても、リーダーとして成功できません。

塩野　アメリカの一流大学では、今、経済学とコンピューターサイエンスと哲学が三種の神器になっています。そこに哲学が入っているのは、**人権や平等といった根本的な価値観について深く考えていないと、目の前の経営課題に対応できないからです。**

アメリカでは、アマースト大学やウィリアムズ大学のようなリベラルアーツカレッジで教養を積んでから、ビジネススクールやメディカルスクールといったプロフェッショナルスクールに進学するケースが多くあります。リベラルアーツカレッジには、世間から一定のリスペクトがありますし、リーダーの厚みにもつながっています。

佐々木　先ほどの話に出た、**グーグルの女性差別の問題はまさに哲学の問題です。**

塩野　こうした普遍的価値に関する問いに、これから日本企業も直面することになります。

そのときに、本当に自分の言葉で語れるリーダーがいるのか。そこを問われるはずです。外資系企業の日本法人のトップになりたいぐらいであれば、そこまで深い哲学は求められないでしょうが、さらに上を目指して、多国籍企業や国際機関でリーダーを目指すのだとしたら、普遍的価値を語り、多様な人々をまとめていくリーダーシップが欠かせません。

佐々木　今、それができている日本のリーダーは誰ですか。

塩　野　今はまだいないんじゃないでしょうか。トヨタの豊田章男さんは、そこを目指しているかもしれませんが。

佐々木　まだ道半ばですか。

塩　野　そこはまだ評価はできないですね。リコールの際の米国議会での公聴会の話が、どれだけ米国民の心をとらえたかは、私には判断できません。

佐々木　つまりは、「ハングリー&ノーブル」なリーダーが求められているわけですね。

塩　野　普遍的価値を語れる若き日本のリーダーに出てきてほしいものです。

語学は花粉症のようなもの

佐々木　30代はリーダー経験はもちろんですが、まだ若いですから、基礎的なスキルや知識も地道に積み上げたほうがいいですね。

塩　野　30代半ばまでは、20代に積み上げた信用と、会計やファイナンスなど教科書的なスキルをできるだけ積み上げたほうがいいです。

佐々木　自分に足りない能力があるなら、貪欲に学んだほうがいい。学生時代の「与えられた問題でよい点数を取る」学習から、自分が問題解決に必要だと思うことをインストールし、自分をアップグレードする学習に切り替えるのです。

インターネット上のサービスなど、学習コストは極めて低下しています。**イケてる自分になりたいなら、細切れ時間を使って取り組むべきです。**

世界に発信できるリーダーになるためにも、30代のうちに英語力はかなりのレベルに引き上げておいたほうがいい。

塩野　**英語は絶対に不可欠です。**語学はいわば「花粉症」みたいなもの。コツコツと努力をして、コップに水があふれるまで注げば、一定期間は後退することがなくなります。「発症」するところまで到達できないと、もとのレベルに戻ってしまいます。逆行するエスカレーターを上り続けるような努力は必要ですが、一定のレベルまで行けば楽になるということです。

お金に働いてもらう

佐々木　それと、これは直接、仕事にはつながらないのですが、どう個人の資産を積み上げていくかも大事になってきます。20代は貯金ばかりするよりも、どんどん自分に投資するほうが明らかにリターンが高い。私もスタンフォードの留学に1000万円以上使ってしまいましたが、後悔はみじんもありません。むしろ、留学してなかったら今の自分はないなと思っています。

塩野　一方で、30代半ばも超えて、家庭ができると、むしろ貯金や資産がないことが、挑戦のインセンティブを下げてしまうことがあります。旺盛にチャレンジするためにも、一定の資産を持っていたほうがいいと思うのですが、どうでしょうか？

　価格の変動幅がある、いわゆるリスク資産への投資は、若いうちに始めるほうがよいでしょう。若ければ金融資産も少なく、これから所得も増えていくため、時間を味方につけることができます。

　もし金融のプロとして20代でどんな投資をするか、と問われれば、流動性が高く手数料が安い海外ETFを投資対象に選びます。例えばポートフォリオは、債券6割、株式4割、投資地域は先進国6割、新興国4割といった形にして、あとは自分のリスク許容範囲で株式比率や新興国比率を上げるようにします。ETFを買ったら、市場で価格をいつも見ているのではなく、買ったのを忘れて仕事に励みます。

　自分ではなかなか貯められないという場合でも、勤務先に、給与から自動的に拠出され、将来の年金を運用する企業型の「確定拠出年金制度」がある人も多いと思います。確定拠出年金は拠出時、運用時、受給時それぞれに大きな税メリットがある制度です。転職しても続けられる、ポータビリティもあります。

　この制度では加入者自身が掛け金等の運用をするので、安全重視のため、あるいは「よくわからない」という理由で元本確保型の商品を選んでいる人もいるかもしれません。

しかし、時間という味方がついている30代はまだまだリスクが取れる時期です。マネーに対するリテラシーも、一生ものの知識になります。とくに人生の後半ではお金が自分や周囲の人を助けることにもなりますので、**早めに知識を身につけ、始めることをお勧めします。**

佐々木　**金融や運用の知識は、100年ライフが現実になると、これまで以上に大事になってきます。**

100年ライフを考えたとき、よく言われる「お金に働いてもらう」ことが大切になってきます。そしてキャリアと同様、失敗もしながらのスキルアップが大切です。

塩野　長いからこそ、人生に必要になってくるのは好奇心と思考密度、言い換えれば「継続的な学習」です。年齢とともに記憶する力は落ちても、いつまでも好奇心を持ち続け、面白がることができること、これが学習を続ける秘訣です。

若いころに自分に合ったキャリアの重ね方を知り、家族や大切な人との関係を築き、自分の身体が衰えてきたらお金にはしっかりと「働いてもらう」。今からそうした準備をしておくことが、「あ〜面白かった！」と笑顔で振り返ることができるような、100年ライフにつながるのではないでしょうか。

そのために極めて重要なのが、30代という時期なのです。

第5章：30代で読むべき10冊

塩野 誠

ニッコロ・マキアヴェリ
『君主論』
（中央公論新社）

木村尚敬
『ダークサイド・スキル　本当に戦えるリーダーになる7つの裏技』
（日本経済新聞出版社）

飯尾潤
『日本の統治構造―官僚内閣制から議院内閣制へ』
（中央公論新社）

冨山和彦
『カイシャ維新　変革期の資本主義の教科書』
（朝日新聞出版）

堀内勉
『ファイナンスの哲学――資本主義の本質的な理解のための10大概念』
（ダイヤモンド社）

佐々木紀彦

藤原和博
『35歳の幸福論』
（幻冬舎）

岡島悦子
『40歳が社長になる日』
（幻冬舎）

冨山和彦
『結果を出すリーダーはみな非情である　30代から鍛える意思決定力』
（日本経済新聞出版社）

リンダ・グラットン、アンドリュー・スコット
『LIFE SHIFT』
（東洋経済新報社）

ジェフリー・フェファー
『「権力」を握る人の法則』
（日本経済新聞出版社）

第6章

40代からは教養と人脈の勝負になる

本章の10のポイント

①キャリアの迷いが多いのは、30代後半。組織の中でどれぐらい偉くなれるか見えてくる。
②使命感と職業的スキルもある人が捨て身で仕事をしたら、大きなインパクトを出せる。
③40代は、精神的に「おじさん」になってしまうかどうかが決まる、分水嶺になる年代。
④人間は周りやメディアにあがめられたときから、自我に食べられてしまうケースが多い。
⑤「40代で野心がある人」というポジションはがら空き。野心家にはチャンスが多くある。
⑥40歳を超えると、「ビジネス余命」を意識するようになる。人生の逆算が始まる。
⑦世の中の8割以上の人たちが自分を過大評価している。客観視できない人はつらい。
⑧40歳になったとき、もっとも重要な財産は人脈。「誰に電話できるか」が勝負になる。
⑨決める力があり、部下に嫉妬せず部下のことを考えられる人は、確実に出世していく。
⑩40代には「理念を語れる力」が必須。コミュニケーションをサボってはいけない。

悩み多き30代後半

佐々木 前章では、30代について語りましたが、30代がビジネスパーソンの全盛期なんでしょうか。男について言うと、30代はまだまだ子どもだとも感じます。

塩野 100年ライフになると、**心身ともに動けるのは40代だという感じがしますね。**

佐々木 **40代が一番の盛りですよね。**

塩野 そうですね。だからこそ、迷いが多いのは30代後半。

佐々木 なぜ30代後半なんですか？

塩野 企業人としては、自分が組織でどこまで行けるかがほぼ見えてきます。その事実と自分の折り合いをつけたうえで、どれくらい仕事に時間を割くか考える時期でしょう。

もうひとつは、**今の仕事で組織のトップ5％になれないのであれば、自分は何によってアイデンティファイされるのか、何が自分の人生の柱になるのかを問われます。**そういう迷いがあるのではないでしょうか。

佐々木 それまでの前半期のビジネスライフをそのまま続けるべきか、決別して新しい進路に進むべきかという選択を迫られます。

塩野 すごく迫られると思います。そこは、アイデンティティと承認欲求がからみます。

仕事を通じて自己承認できていて、組織の長に近く、役員レースにも自分は参加できるのか、それは無理なのか。人によっては、組織での出世を目指さず、子どもの教

佐々木　育に傾倒する人もいます。もしくは、地域コミュニティに溶け込むことこそが幸せだと感じる人もいるかもしれません。どれもその後の人生を考えたひとつの方向性ですよね。

塩　野　幸せの再定義を行うということですね。今の時代は、転職もできますから、今の組織で芽が出ないとなれば、30代後半や40代前半でも今の会社を辞めてもいいですよね？

佐々木　いいですけども、それが初めての転職だとしたら、話は別です。

塩　野　リスクが高いですか。

佐々木　リスクが高い、というよりも、リスクが高いと思う気持ちが強いでしょうね。

塩　野　そうした事態を避けるためにも、20代や30代前半のうちに、一回くらいは転職を経験しておいたほうがいいですか。

とくに転職をお勧めするということはありません。ただ、**若いときから、定期的にヘッドハンターやエージェントに会って、自分の市場価値を確かめるというのはいいと思います。**組織固有のスキルや組織のブランドを自分から除いたら、自分はどれぐらいの価値があって、どこであれば移れるのかを理解しておくべきです。

佐々木　大きい会社であればあるほど、組織固有スキルは大きいですからね。

塩　野　私はあまり日本の大企業ワールドにいたことがないので心からはわからないのですが、大企業に勤務する人は組織固有スキルが大きいと思います。

現代のジャンヌ・ダルクとメディアの病巣

佐々木　組織固有スキルと市場価値のギャップを考えるにあたり、メディア業界はいい例だと思います。なぜなら、ジャーナリストは基本的に、個人の力がとても見えやすい仕事であるにもかかわらず、サラリーマン化した日本のメディア界では、個の力が可視化されていないからです。本来は、弁護士やコンサルタントのように、個人の価値が見えやすいプロフェッショナル型の仕事なのに、個人が目立たないような構造になっています。

今の会社で得ている給料よりも高い市場価値を持っている人は、40歳を超えると、数%しかいないと思います。

塩　野　そこは、メディア業界における東京新聞の望月衣塑子記者の問題につながっていると思います。サラリーマン化したジャーナリスト問題です。

結局、大新聞のおじさん記者たちは、官邸の記者クラブで、心地よくなれ合って笑っていたわけです。そこに、ジャンヌ・ダルクが現れた。彼女の質問内容はしっかり構造化されてはいないところがありますが、菅官房長官に自身の疑問をぶつけていく様子を世間が見たときに、「なんで今まで誰もそれをやらなかったの?」と思ってしまったんです。そのときに、ジャーナリストを標榜していた大手メディアのおじさん記者たちは、やっぱり恥ずかしくなっちゃったのでしょう。

佐々木　彼らに恥の意識はあるんですかね。

塩野　たぶん暗黙にはあると思うんですよ。だって、ジャーナリズムの本分からしたらおかしいじゃないですか。権力側ジャーナリストって何ですか、と。望月記者が女性であることでも嫉妬が増幅されています。今までの自分たちがいたたまれなくなったことから生じる反発なんですよ。ジャーナリストたる矜持はそこにあるのか、という話です。ジャーナリストのみなさんは、映画『スポットライト 世紀のスクープ』を当然見ているはずですから。

佐々木　情けないですね。望月さんを会見の場で応援したのは、ジャパンタイムズと朝日新聞の記者だけでした。

塩野　本件は個別の思想の問題ではなく、プロフェッショナリズムの問題だと思っています。ジャーナリストという職務への忠誠心の問題です。

佐々木　自分たちがかっこ悪いことをしている、後ろめたいという思いがあれば、まだ救いがありますが、そこがなくなったらもう終わりですね。望月さんは、個としての信念があります。

塩野　使命感は感じます。彼女もスター街道ばかりを歩んできたわけではなく、第一線の記者だったころに内勤の整理部に異動させられ2年間を過ごしています。その際に複数の新聞社やテレビ局から誘われたらしいですが、それを断って取材現場に復帰してきました。

佐々木　望月さんのように、政権に厳しく質問するのは欧米では当たり前なのに、ネットでは「失礼だ。もっと礼儀正しくすべきだ」「彼女は記者のふりをした左翼の活動家だ」みたいな意見も多くて、日本は本当にメディアに対する理解が低いなあと悲しくなりました。もちろん無駄に無礼なのは問題外なのですが、重要な問題について政権を問い詰めるのは、むしろ仕事をしっかりしているという点で評価されるべきです。

塩野　ジャーナリストなのか、アクティビスト（社会活動家）なのかをバランスさせることは望月記者の今後の課題ではあると思います。一方で記者クラブに代表される既存のジャーナリズムに問いを投げかけたのには意味があると思います。

佐々木　男がやっていたプロレスをぶっ壊したってことですね。そういう人がぜひ増えてほしい。

塩野　東京新聞のたった一人の記者でもここまでできたんですから。これはキャリア論においても重要な話で、とにかく自分に制限をかけてはいけないということです。

佐々木　**本当に使命感があって、職業的なスキルもある人が捨て身で真剣に仕事をしたら、これだけのインパクトを出すことができる。挫折を経て、スターとなった一人の40代として、キャリアの面からも示唆が大きいですね。**

おじさんになる人、ならない人

塩野　トランプ以降の世界、ポスト・トゥルース、オルタナティブ・ファクトと言われる時代においては、ミッショナリーであるということが問われていると思います。

佐々木　そのひとつの例が望月さんですね。

塩野　ちなみに私は東京新聞望月記者の思想とは、相容れない部分はいっぱいあります。私は自分のデスクに日本の国旗を立てていますしね。ただ、そこは多様な意見に寛容であるべきでしょう。私は安全保障などにおいて、彼女よりもっとリアリストです。

佐々木　望月さんは理想主義者ですね。でも、ああいう人もいたほうがいいと思います。

塩野　空気を読まない純粋さがあります。

佐々木　ミッショナリーという点で言うと、つくづく問題だと思うのは、世の中のおじさんたちです。理想がなく、日常をだらだらと生きていて、過去にしがみついている。**おじさんが世の中を悪くしているなあ、と日々感じます。**

塩野　私もおじさんなので、おじさんには期待しないことにしています。

佐々木　私が言う「おじさん」というのは、年齢の問題というより、精神の問題です。**過去や現状ばかりを肯定して、未来のために動かない人を私は「おじさん」と呼んでいます。**20歳のおじさんもいれば、60歳でもおじさんではない人もいますし、女性にもおじさんはいます。40代というのは、おじさんになってしまうか、おじさんにならずにみずみずしい挑戦者であり続けられるか、その分水嶺だと感じます。

塩野さんは、財界の偉い方など、いろんなおじさんと話す機会があると思うのですが、刺激を受けることはありますか？

塩野　この人と話をしていて、どんどん頭が活性化するというか、情報としてすごくピンと来るという経験は多くはないですね。創業者やトップはさすがにエッジの立った人がいますが、役員レベルにビジョンを求めるのは厳しいかもしれません。

佐々木　企業経営者の論客というか、知識人、ビジョナリーはいなくなりましたね。

塩野　論客という文脈では難しいですね。確かに三菱ケミカルの小林喜光さん、武田薬品の長谷川閑史《やすちか》さんといったいつものメンバーばかりになってしまう。私はイノベーションの文脈ではコマツの坂根正弘さんやアイリスオーヤマの大山健太郎さんのファンです。アイリスオーヤマは養殖用のブイ製造から始まって、今ではＬＥＤランプから炊飯器まで作っています。

佐々木　下り坂の業界やださい業界を変えるのは本当に難しいですよね。NewsPicksで百貨店特集を組んだことがあるのですが、伊勢丹でカリスマと言われていた大西洋前社長も、悲惨な最後でした。若手やメディアのウケはよかったのですが、社内の反発に耐えられず、職を追われました。外向けのＰＲはうまかったですが、踏ん張りきれなかった。

塩野　**組織のトップは全能感という自我に食べられないように、とくに周囲やメディアにあがめられたときは注意すべきだと思います。**

佐々木　自我に食べられるというのも、大事なキーワードですね。では、自我を超克するにはどうしたらいいのでしょうか。やっぱり自我を超えたミッションを持つことですか？

塩野　自我の超克は、政策に対してとか、事を成すことに対して身を捧げることができるかですね。自分の名誉に対してではなく、事を成すことに対してです。その意味では、内村鑑三の『後世への最大遺物』的な話になってしまいますね。

佐々木　内村鑑三は、「何人にも遺し得る最大遺物――それは勇ましい高尚なる生涯である」と言っています。いわば、生き様ですね。

塩野　そうです。生き様です。

佐々木　その流れで言うと、現代の日本人は野心が小さい。

塩野　本当の意味での野心が小さい。上場ゴールで満足してしまう。だから、健全な野心を持つ人というポジションはぽっかり空いているんですよ。グローバルなビジネスシーンでは「マサソン」、ソフトバンクの孫さんくらいしか個人名が出てきませんから。

佐々木　40代で野心のある人には、いくらでもチャンスがあるということですね。

40代は余命を意識し始める

佐々木　塩野さんは40歳を超えたばかりの年齢ですが、40歳を超えて明確に変わることはありますか?

塩野　逆算に入りますね。ビジネス余命を感じるようになるんです。メガバンクや商社だと、多くの人は、この先どの地位にまで行けるかが見えてきます。また、転職するかどうかの最後のチャンスを迎えます。以前は、転職の限界は35歳までと言われていましたが、今は、働き手の需要が高まっているので、場合によっては40歳までチャンスがあります。

ただ、**40歳にもなると、「あの人は、あの仕事をした人だね」という名刺代わりの実績がないと、ほかの会社にはなかなか移れません。**

佐々木　そもそも論ですが、なぜ40歳を超えると転職が難しくなるのでしょうか。

塩野　適応力がないからです。

佐々木　おじさんになると、そんなに適応力はなくなるんですか？

塩野　毎日、意識していないとなくなります。

佐々木　塩野さんでも、自分の適応力が落ちてきたと感じますか？

塩野　私はいろんな職業を演じる役者のような特殊な例だと思います。一所にいることが長くなった人は、ほかの場所での適応力が落ちてきます。

佐々木　そもそも、なぜ年を重ねると、人間は適応力が落ちるんでしょうか。

塩野　本当は年齢は関係ないんですけどね。それよりも、同じ会社や環境に10年、20年といることで人間は適応力を失うんです。

そこでキーワードになるのが、メタ視点と相対化です。自分を、すごくメタな視点から、相対化という尺度で客観的に見ることができるのか――これに尽きます。私の感覚では世の中の8割以上の人たちが自分の能力を過大評価しています。そこを客観視して、ディスカウントして考えて、現実的な行動をすべきだと思います。

佐々木　40歳以上の男の人生は大変ですね。

塩野　迷いもあってすごく大変だと思います。

佐々木　**30代で勝負はかなり決まっていますからね。**

塩野　でもそれで言うと、第4章で話したように、**「20代でプライドを捨てて、リセットできたかどうか」**が大きいと思いますよ。

佐々木　そこで一度リセットできていれば、適応力もつきます。

塩野　自分が何者でもないことを悟ったところから、謙虚さを持って、メタな視点を持って、自分を育てることができるか。そのゲームが20代から始まるんです。
自己に対してそれぐらいの冷徹さを持って眺めることができれば、正しい判断ができますよ。そこまで冷静だと、ビジネスでは成功してもモテない気がしますが（笑）。

大企業は冷たい

佐々木　40歳以降はとくにどんな能力、スキルが問われますか？
塩野　まず**自分の持っているスキルが、会社固有のスキルなのか、会社を超えて社会に通用する汎用的スキルなのかをあらためて問うべきです。40歳になったときに、一番重要な財産は、やっぱり人脈なんです。**年齢を重ねるほど「誰に電話できるか。誰にメールできるか」が勝負になります。
40代以降は、ノウハウだけでなくノウフー、つまり「誰を知っているか」が重要になります。信頼のおけるキーパーソンが周囲にいて、いざというときには情報やスキルを借りる、いわば「借り物競争」の時代です。他者の力を借りないと組織運営はできません。何でも自分でやろうとする、「スーパーちびっこ」になってしまう人は、この時点で組織の上には立てない人になってしまいます。
佐々木　社内人脈に頼っている人は、転職した瞬間にその強みの大半が消えます。
塩野　もちろん社内に自分を敬ってくれる人がいっぱいいて、辞めたときでもあなたのため

佐々木　ならと言ってくれる子分がいっぱいいれば、とっても素晴らしい。
　でも、日本のサラリーマン社会でそこまで深いつながりは生まれない気がします。本気の戦いに汗を流した戦友という感じではないです。

塩　野　**「あなたの頼みだったら、もう断れないですよ」と言って、他人が助けてくれるかが勝負です。**仕事の頼み事すら聞いてくれなかったら、自分が死にそうとか、警察につかまりそうみたいなときに、誰も助けてくれないですよ。

佐々木　会社を辞めたぐらいで消えるつながりは、大したつながりではないということですね。

塩　野　40代でのイベントは、そのつながりの深さを確認する試金石だと思うんです。すごく残酷なお知らせですが、会社を辞めるときとか、病気になったときに、何人が激励やお見舞いに来てくれるかですよ。
　40代で病気になって、いったん仕事から離れないといけなくなったとすると、家族に対するインパクトはすごく大きい。現実に、「子どもは私立の学校に行けるのか」という話になったときに、何人助けてくれるかです。そのときに勤めている会社なんて、たいていい何もしてくれませんから。
　中小企業とかオーナー企業ぐらいのほうが、その人が会社の重要人物だったら、何か助けてくれますよ。これまで頑張ってくれたからといって、お金を提供してくれることもあります。むしろ、大企業のほうが冷たい。システマティックに「お気の毒に」と言われて終了ですよ。

飛躍するための2つの条件

佐々木　これまで話してきたように、**「20代で自分をリセットできたか」「30代でリーダーを経験できたか」で40代のスタート時点でかなり明暗が分かれます。**では、20代、30代でやるべきことをやってきた人は40代で何をやるべきですか？　一番脂ののっている40代で飛躍するための条件は何ですか？

塩野　2つあります。**ひとつ目は、理念を説けることです。**大きな理念をちゃんと真面目に言えること。**2つ目は、部下に対して、嫉妬心なく100％育てようという気持ちになれるかどうかです。**嫉妬とコンプレックスは無駄です。

佐々木　40代は、プレーヤーを完全に卒業して、人を育てる立場に専念したほうがいいのでしょうか。

塩野　それは、たぶん業界によると思います。

100年ライフで考えると、40代はプレイングマネージャーでもよいと思います。コンサルタントや弁護士や医者のようなプロフェッショナルの世界においては、普段は部下の監督がメインでも、いざ実務となったら「いつでも刀は抜けるぜ」と言えることが、相当重要です。

ビジネス・コンサルタントの場合も、現場感を持って、「あの人が出てくると部屋の雰囲気が変わるし、圧倒的にいいことを言うよね」という刀を抜けることがすごく重要

佐々木　なんです。全員が「自分は頭がいい」と思っているプロの世界においては、圧倒的知力でねじ伏せる以外に手段はありません。プロフェッショナルファームにおいては、「私はほかの人とは全然違う」ということを実力で示し続けないといけないのです。

塩野　一般的な事業法人など、プロフェッショナルファーム以外の世界ではどうですか？

佐々木　**それは「決められるかどうか」です。**

塩野　それは決定権があるということですか。権限の話ですか。

佐々木　いいえ、「彼は決めてくれる」というマインドセットの話です。決めてくれる機能さえあれば、ほかのことはもうあまり気にしなくていいんです。普通の組織において、決めてくれる能力と、部下に嫉妬しないで部下が一番働きやすい環境について考える能力があれば絶対に出世できますよ。

塩野　逆に言うと、その２つの能力を持つ人が極めて少ないということですね。

佐々木　ほとんどいません。

出世する人の共通点

塩野　では、もうひとつの「理念を語れる」というポイントについてですが、大企業における40代はだいたいが課長レベル、よくて部長ぐらいですよね。そうした中間管理職が語る理念とはどんなイメージですか。社長が語る理念であればわかるのですが。

佐々木　**「われわれはこれをやるんだ」と言えることです。**

佐々木　それはどういう意味でしょうか。

塩　野　「企業と組織としてはこうである」「部としてはこうである」「課としてはこうである」「あなたの成長のためにはこうである」というふうに整理できるということです。理念という言葉を使うとちょっとわかりにくいかもしれません。

佐々木　つまり、企業としての目的、目標を理解したうえで、部や課や各個人がすべきことはこうだとしっかり語れるということですね。

塩　野　そうです。それらが全部語れたうえで、「私が思う最適な選択肢はこれだから、みんなわかってほしい」と言えることでしょうね。

佐々木　明快な説明能力と説得能力。

塩　野　やっぱり、そこがふにゃふにゃしてしまうと、人がついてきません。

佐々木　自分の場所に応じた的確なメッセージを出すには、大将である社長がどんなことを考えているかを理解し、想像する力がいります。

塩　野　言い換えると、鳥の目を持ちつつ、魚の目も持ちつつ、もちろん、虫の目も持つということです。そうでないと、難しい局面で上もこう言っているからわかってくれと部下に言っても、わかってもらえないと思います。

佐々木　どうすれば、わかってもらいやすくなるのでしょうか。

塩　野　それには2つあって、ひとつは、「あの上司が言うならしょうがないなあ」と思われる愛嬌を持つこと、もうひとつは、説明責任を果たすこと。これしかないです。
　やっぱり、今言ったように各レイヤーでの視点をちゃんと持っていないと、そもそも上に行った後にきつくなります。私はいろんな会社の人に、「あの人はなんで上に行けたんですか?」と聞いてみるんです。そのときに、割と多いのが「あの人は課長のときから結構上の目線を持っていた」という答えです。**自分のランクよりも、1段階、2段階上の目線を持って行動していた人は、やっぱり上に行っているんですよ。**それは、先読みのひとつかもしれません。先読みして課長のときに部長目線で考えていたがゆえに、部長に認められたのかもしれません。

佐々木　もうひとつ、出世している人に対してよく使われるのが「あの人は力がある。剛腕だね」という言葉です。このキーワードを聞くと、「それはどういう意味ですか」「どういう行動様式ですか」と聞くようにしているんですが、**「みんなが当たり前だと思っていたことを変えた」**という答えが多いんですよ。

そもそも、組織の中には「なぜこれが当たり前なのか」という理由がよくわからない慣習などが多くあります。その〝みんなの当たり前〟を変えると、「あの人は実力がある」という評価になるんです。その人がパワーを持っていたから変えられたのか、何かを変えたからパワーを持つことになったのか、その因果関係はニワトリと卵ですが、当たり前を変えることで周りが認めてくれるようになるのです。

大企業でも、なんだかんだ言って、出世はある程度フェアに決められているということですね。

塩　野　そう思います。逆に、極めてアンフェアというのは難しいですよ。なぜかと言うとみんなサラリーマン、組織人だから、アンフェアな人事をすると、誰かに恨まれて、どこかで刺されてしまいますから。フェアに人事をするのが一番自分にとっても安全なのです。

佐々木 ただ、そうしてトップマネジメントまで上がっていった人は必ずしも活躍しませんよね。**実力がフェアに評価されているのに、トップに立つ人に冴えない人が多いのはなぜですか？**

塩野 それは、活躍の定義によりますよね。「傀儡《かいらい》として活躍しました」という表現もできるわけですから。危機がなければすごく有能だった社長も多いでしょうし。だから、それはもうトップ就任時の環境次第としか言いようがないですね。

ただ、ひとつ言えることは、多くの人の場合は、平常時においてのマネジメント能力しかないということです。**平時にうまくいった人が、乱世のマネジメントに必ず耐えうるかと言えば、わからないですよね。**

佐々木 佐々木さんも、いろんな経営者に会ってきて、「この人は乱世でも生き残る」と思う人はいっぱいいますか？

塩野 迫力があるというか、乱世に勝ちそうな戦国武将のような経営者が少なくなりました。まだ10年前のほうがそういう人が多かった気がします。社長インタビューをしたいと思う人がほとんどいません。

最後は生き物としての強さなんです。やっぱりゴキブリみたいな人は生き残りますから。

佐々木 日本の大企業にはどんどんスターがいなくなってきています。

塩野　そうですね。でも、外的環境として、オオカミは来ますよ。

佐々木　北朝鮮のミサイルのような安全保障上の危機もありうるでしょうし、AI、ブロックチェーン（分散型台帳）といったテクノロジー面の大変化もありえます。

金融業界と保険業界の大変化

塩野　その典型がフィンテックです。規制業種である金融業界は、洗練されているがゆえに、モジュール化が可能なんです。ここからここまでが資産運用モジュール、融資モジュール、決済・送金モジュールというふうに、モジュール化しやすいので、テクノロジーで置き換えられやすいのです。

例えば、消費者の利便性を考えると、資産運用モジュールは、多数の顧客IDとデータを持っているアマゾンやグーグルがそのモジュールを提供することも考えられます。異分野で巨大な顧客プールを持っているプレーヤーが金融に入ってくることは、モジュール化された金融機能があれば極めて容易なんです。

そうすると、結果として、金融自体が土管化してしまって、金融でマージンを取るのが極めて難しくなってきます。銀行や証券会社の持っていた機能がアンバンドリング（解体）されて、もう一回組み直されるような話が出てくるはずです。その典型が、ドイツのソラリスバンクで、金融の各機能を企業に提供しています。

そういうふうに**大きくディスラプト（破壊）されるビジネスにおいて、今まで自分た**

ちが享受してきた利益をどう維持できるか真面目に考えないといけなくなっています。とくに一番最初にターゲットになるのは、メガバンクや生損保です。そんな時代において、フィンテックの流れに対応できる経営陣やプレイングマネージャーがいるのかという問いに直面しています。

佐々木　損保は自動運転が導入されれば、自動車保険が根本から変わります。

塩　野　その関連で言うと、保険商品については2つポイントがあります。

ひとつは、そもそも保険は情報の非対称性で成り立っている事業だということです。保険会社というのは、膨大なデータ分析を通じて、リスクについての確率を把握しています。一方、一般消費者はその確率がわかってないから、そこに非対称性が生まれて、保険会社は利益を得られるわけです。もうひとつは、大数の法則を活かせば、賭けに勝てるということです。

一方で、新しい技術の登場によって状況が変わるかもしれません。例えば個人が自分の遺伝子解析を通じて罹患しそうな病気を把握し、日々の健康状態をセンサー等で把握して、未来の病気の発症を把握していたとしたら、それは保険会社より自分が情報を持っている状態ですよね。そこにモラルハザードが起きる可能性があります。つまり、保険加入者自身は自分のリスクを遺伝子レベルで把握しているけれども、それを申告せずに保険に入ってしまうかもしれません。そうしたら、情報の非対称性は逆転しますよ。

佐々木　つまり、今までは知ることができなかった自分の身体についての正確なリスクを、安価に測ることができるようになったことで、個人の情報力が保険会社を上回る可能性が高いということですね。リスキーな人に対して、安い保険を売ってしまうリスクが高まります。

塩野　その可能性はあって、これはかなり大きい変化です。保険会社は遺伝子解析の結果を申告させるのでしょうか。こうした変化に対応するビジネスアイディアとレギュレーション（規制）設計について再考する必要が生じます。

佐々木　情報、データと軸がより重要性を増すことで、ますますグーグルやアマゾンといった個人データを持った企業が有利になりますね。

塩野　そうです。人々の購買行動やクレジットスコアを、多くの企業よりアマゾンのような人々のアカウントを保有するＩＴ企業のほうが持っているという話です。だったらアマゾンがモジュール化された金融機能を消費者に提供していけばいい。

佐々木　すでに中国ではウェブでの個人の行動を通じて、信用力を測るサービスが広がっています。

塩野　中国では道路で人々の顔認証を行い、交通法規遵守の有無まで蓄積しています。そうしたトレンドを肌感覚でわかる経営者でないと、こうしたイシューには取り組めません。

佐々木　頭で理解するだけでなく、身体で感じろと。年を重ねれば重ねるほど、新しいことを体感することにおっくうになりがちですので、**40代になっても、好奇心を持ち続けられるかは大きな鍵ですね。**私もウーバーを実際に使ってみて、ウーバーへの印象が大きく変わりました。

塩野　「最近の新しいサービスを調べて、検討しておいてくれ」と部下に命じればいい話では

佐々木　ありません。とくに個人向けサービスに関する経営判断には物事への肌触りが必要です。日本の経営者はハイヤー生活をして、電車などに乗らなくなって、生活者の視点を失うケースが多い。**現場の嗅覚を失わないことが、40代でいいリーダーになるためにも大切ですね。**

倫理とリーダー

佐々木　40代以降の日本のビジネスパーソンのひとつの目標は経営者になることですが、**経営者になった後に大きく飛躍する人はあまり多くない印象があります。**

塩　野　その理由は構造的に経営トップになることがサラリーマン社会の上がりポジションになっているからでしょうね。役員ゴール、社長ゴールというのが未だに言われます。

佐々木　今でもゴールだと思っている人がそんなにいるんですか?

塩　野　もちろん、以前に比べれば変わってきてはいます。ステークホルダーへの説明責任もあり、社長の責任が重くなっていますから、不祥事で民事責任や刑事責任に問われたらかなわないと思う人は増えていると思います。

佐々木　社長がゴールであったとしても、社長になった後に業績が落ちたら、むしろ恥になって名が汚されますよね。そうならないために、頑張ろうと思わないのでしょうか。

塩　野　本当に大事なことは先送りにしている例が多いですよね。上場企業であれば自分の任期の間の四半期業績だけ見栄えがよければよい、大きな提携やM&Aを発表して名を残せればよいというショートターミズム（短期主義）が生じるインセンティブは結構ありますね。

佐々木　例えば、足下の業績のために利益率が低い事業を全部切ったとしても、将来の柱を作れなければ、5年後、10年後に食っていく糧がなくなりますよね。「私の在任期間中でなければ関係ない」となりがちです。

塩野　それは人間の本能ですよね。

佐々木　企業不祥事も昔のトップが原因だったりします。経営者がショートターミズムに陥るのをどう避けるかは大きな課題です。なぜかと言うと、株主がショートターミズムになって、CEOもそれに呼応するように自分の任期の実績ばかりを気にするようになったら、何によって企業の存続性を担保するかが難しくなるからです。一方で、逃げようがないファミリービジネス、オーナー経営者のほうが長期的視野で経営ができるというケースもあります。

この状況をもっと手前に持ってくると、「上場していいのか」という問題につながります。広く株主を増やして本当にいいんですか？　という問いです。赤字で上場して、自分は上場ゴールでシンガポールに移住しますというのは、創業者とベンチャーキャピタルの株式売却益のためだけですよね。

塩野　それはノーブルさに欠けます。**日本のスタートアップ業界はハングリーではあっても、ノーブルのところでつまずきますね。**

佐々木　やっぱり、大化けするスタートアップやリーダーになるには、エシカル（倫理的）でないといけません。米国はそれをエンロン事件のときに経験しました。ハーバードビジネススクール出身のジェフ・スキリングらが禁固刑になって、そこでビジネススクールで倫理の授業が強化されたのです。

ライブドア事件で心が折れなかった理由

佐々木　ライブドア事件では、塩野さんも取り調べを受けたんですよね。

塩　野　2006年ですね。取り調べは何日間も連続して、数百時間でした。

佐々木　どんな感じなんですか？　結構紳士的に進むんですか？

塩　野　「その日、何時に恵比寿出たの？」「9時なのね」「でもさっきは『9時半』と言ったよね、どっちが本当なの？　ちゃんと記憶を喚起してください」といった形で数百時間です。

佐々木　よく耐えましたね。

塩　野　私はチキン（臆病）ですが、鈍感なんでしょうね。

佐々木　心は折れなかったんですか？

塩　野　当時、上司だったCFOの宮内さんが逮捕される時、フロアにいた人たちに「俺が責任取るから、お前ら何でもちゃんと話せ」と言ってくれたので折れなかったですね。取り調べ中に時々、検察官が席を外すのです。次の瞬間、捜査官と入ってきて、逮捕されるかもしれないという緊張感が毎日毎日あるんです。そうすると、待っている時間が長

佐々木　く感じます。あとは部屋が寒かったですね。

塩野　タフですね。

佐々木　ちなみに私を担当した検察官は弁護士になって、私は仕事を依頼しています。優秀ですし、何百時間も一緒にいたので、信用できますからね。

塩野　ある意味、刎頸《ふんけい》の友ですね。

佐々木　一緒に飲むこともあります。こうなると人生の彩りですよ。

塩野　この体験で人生観は変わりましたか。

佐々木　上司たちが逮捕され、友人を失い、泣きました。しかしながら人生観はそんなに変わらないです。企業倫理・理念について深く考えるようになりましたが。東京地検特捜部の取り調べに毎日通った経験より、子どものころに大人に言われた残酷な言葉のほうがきついと思いますよ、人というものは。

塩野　面白いですね、人間って。

佐々木　人生いろいろ、人間もいろいろですよね。だから、その人に何が響くかというのは、本当にわかりません。ただ、万が一、**40代で折れてしまったら、本当に取り返しがつかないと思います。**

塩野　そういうときに、マネジメント側は判断に迷いますね。

佐々木　40代でマネジメントとして部下を持つということは、擬似的に子どもがいっぱい増えるぐらいの気持ちじゃないとダメだと思うんですよね。

塩野　その心は？

塩　野　その人に対するコミュニケーションはどうであれ、内に秘める思いとしては、**「こいつらの人生に自分は影響してしまう」という心構えを持つことでしょう。**そうでないと、人をマネジメントする権利がないと思います。

佐々木　**最低限の責任感を持て、部下の人生をある意味背負え**ということですね。

塩　野　常に意識しろとは言いませんが、覚えておくべきですよね。あとは、やっぱりコミュニケーションをサボっちゃいけない。

佐々木　私はサボりがちです……反省ですね。

塩　野　**「人は黙っていてもわかってくれることは絶対にない」ということからスタートすべきです。**例えば、「最近の子は承認欲求ばっかりで」ということで、Aさんを褒めると、Bさんがすねるような状況になるのであれば、Aさんを褒めるときは、Bさんも絶対に褒めるというルールを自分に課したほうがいい。それぐらいデジタルなルーティンを作ったほうがマネジメントはうまくいく場合があると思います。

佐々木　昔よりも、マネジメントコストが上がっているんですね。

塩　野　上がっていますね。ハラスメントにならないように気をつけて、厳しく愛情を持つ。難しいですね。

佐々木　それは、プレイングマネージャーをやりたい人にとっては、マネジメントにリソースを割かれるのでつらいですね。

本当にプレーヤーとして才能がある人も、年を重ねるにつれて、マネジメントへとシフトしていくべきなんでしょうか。それとも、本当にマネジメントに向いている人にマネージャーの地位はゆずって、自分はプレーヤーに専念すべきなのでしょうか。

塩野 それは、後者だと思います。やっぱり「名選手、名監督にあらず」は正しいと思いますよ。普通の事業法人で名選手で名監督になる人は少ない。エンジニアやプロフェッショナル型組織のほうが、名選手が名監督になりやすいと思います。なぜなら、実務での実力がダイレクトに尊敬になるからです。

一方、普通の事業法人の場合、それこそ営業部から人事部に配属されることもあり、実務で圧倒的な実力を示すのは結構難しい。だからこそ、ピュアに組織マネジメントの力が問われるんです。詳しい現場の仕事はわからないけれども、適材適所を行うという難題に取り組まないといけない。それこそが実はマネジメントなんです。

佐々木 プレーヤーとしての実力で引っ張っている部分があるプレイングマネージャーは、マネジメントとしては弱いですよね。

塩野 プレーヤーとしての実力での尊敬をゼロとしたうえで、マネジメントとして尊敬を受けるのは極めて難しい。それだと、純粋なマネジメントですよ。

佐々木 基本的に、大企業の社長はそんなものですよね。大企業は業務の範囲が広いですので、そもそも事業のディテールまで押さえることは無理ですから。

塩野 例えば、半導体の会社で、新しい人は半導体はわからないからとか、じゃあ重電の会社で、新しい社長は重電の出身じゃないからわからないからというのは、全く無意味な議論です。だいたいホールディングス会社であれば、カンパニーの数とそれに付随する事業部が一体いくつあるのか。誰も全事業を経験したことはないのです。トップの仕事は経営環境に応じて最適な事業ポートフォリオに組み替えること以外にありません。

例えば日本のもの作り、メーカーにおいてトップは二重苦を背負う場合も多い。「あの人は創業メンバーじゃないよね」「あの人は文系だよね」と言われることです。例えばそうした二重苦を背負ったのが、ソニーの元CEOである出井伸之さんです。

佐々木 出井さんはコンセプトメーカーとしてはすごく優れていました。

塩野 1995年のデジタル・ドリーム・キッズというコンセプトは今考えれば早かったですね。

佐々木 ただ、ソニーのような多様な事業が集まる組織をマネジメントするのは、難易度が高すぎたのかもしれません。

本章のまとめとしては、**40代にとって大事なのは、人脈と理念を語ることと部下を心から応援して育てること。そして、40代でリーダーになった人は、プロフェッショナル型組織やスタートアップであれば、プレイングマネージャーとして、理念を語り、部下を励ましながら、自らもプレーヤーとして圧倒的な存在感を残す。** 大企業の人は、本物のマネジメントを磨く。それが40代で大事だということですね。

塩野 それらの条件が満たせれば、**Good（優秀）からGreat（偉大）への道が開けてくるはずです。**

佐々木 では、最終章では、Good（優秀）からGreat（偉大）への道について詳しく議論していきましょう。

第6章：40代で読むべき10冊

塩野 誠

洪自誠
『菜根譚』
（岩波書店）

ヴィクトール・E・フランクル
『夜と霧』
（みすず書房）

ハンナ・アーレント
『エルサレムのアイヒマン——悪の陳腐さについての報告』
（みすず書房）

山本七平
『「空気」の研究』
（文藝春秋）

ロバート・B・チャルディーニ
『影響力の武器：なぜ、人は動かされるのか』
（誠信書房）

佐々木紀彦

カント
『永遠平和のために／啓蒙とは何か　他3編』
（光文社）

アリストテレス
『弁論術』
（岩波書店）

鈴木大拙
『日本的霊性　完全版』
（KADOKAWA／角川学芸出版）

齋藤健
『転落の歴史に何を見るか—奉天会戦からノモンハン事件へ』
（筑摩書房）

猪瀬直樹
『昭和16年夏の敗戦』
（中央公論新社）

第7章

優秀から偉大へ

本章の10のポイント

①現代を生きるには「自己愛マネジメント」が不可欠。SNSはリスクも大きい。
②白でも黒でもないグレーゾーンを理解できるのが大人。中庸を大事にすべき。
③好奇心を育むためのコツは「親が勝手に制限しないこと」。好例はさかなクン。
④AI普及の時代に、人間の上司に残る機能は、「見守って責任を取る」しかない。
⑤マイノリティ経験は必須。弱者の立場を味わうことが、想像力につながっていく。
⑥旅の効能。新しい世界に触れて自分の内面を育んでいく旅は、想像力を高める。
⑦テクノロジーの妄信は危険。テクノロジーがユートピアをもたらすとは限らない。
⑧世界では「ソフトパワーが高く、人々が憧れる国」というポジションが空いている。
⑨あと10年はジャパンパワーを使える。まず国内での成功を目指す戦略もあり。
⑩ルールメイキングやマーケットデザインができない人は偉大なリーダーになれない。

真面目をバカにしないこと

佐々木　ここまで20代、30代、40代の生き方について語ってきましたが、**この最終章では、世代を問わず「偉大な人生」を送るために何が大事かを話していきましょう。**

塩野　私は偉大な人生を語るには全然修行が足りていない実務家ですが、佐々木さんと一緒にビジネスパーソンにとっての偉大な人生について考えていきたいと思います。内村鑑三の『後世への最大遺物』のような問いですよね。今日の対談を通じて、まず強調したかったのは**「今楽しんでいる自由の脆さを認識しよう」**ということです。今の自由も仕事も生活も、そして平和もタダではないという感じを持ってほしい。

佐々木　ちなみに、佐々木さんは今、仕事が楽しいですか？

楽しいですね。というか、私の場合は、仕事と生活が完全に一体化していますので、仕事が苦という感覚がありません。ですので、**メディアアーティストの落合陽一さんが言う「ワーク・アズ・ライフ」というコンセプトがしっくり来ます。**正直言って、ワーク・ライフ・バランスとよく言う人で、すごい人にあまり出会ったことがないですね。

塩野　佐々木さんとお話ししていて心地よいと感じる理由が2つあります。ひとつは、「仕事を苦痛ととらえていない」ということ、もうひとつは、「真面目をバカにしないこと」です。「仕事が苦痛だよね」と言って、一生懸命やることや真面目なことをバカにしてしまうと、いろんなことを真正面からとらえられなくなってしまいます。

佐々木　それは「自分の最大限の力を出していない」「もっとやればできる」という言い訳を最初から作ることにもなります。

塩　野　そういう意味では、インターネット上、SNSで人々が批判的に議論することにもいい面はたくさんありますが、何かのお題に対して茶化すことだけをやっていると、そのうち何も残らなくなってしまう。

佐々木　SNS論として、私が一番しびれたのは、『君の名は。』のプロデューサーである川村元気さんの話です。彼は「SNSはパンドラの箱を開けてしまった」と言っていました。

彼はいち早くSNSを使って、自らの小説をLINEで先行公開するなどアーリーアダプターだったのですが、今では完全にSNSから離れたそうです。SNSはナルシスの鏡のようなもので、人は自己愛のとりこになってしまう。小さい喜び、自己承認を安易に得られてしまう。そうすると、自分がかわいくなってきますし、何かリアルの世界でリスクを取る意欲が萎えていきます。

塩　野　自己愛マネジメントは今の時代を生きるために必要だと思います。私は、SNSは自分が寄稿した記事や、取材を受けた記事をお知らせ的に投稿するくらいで、パーソナルな内容には積極的に使うことはありません。人も興味ないと思いますし。

佐々木　もちろん、ビジネスにおいてSNSを無視することはできませんが、SNSに振り回されないような強固な自己と戦略眼が必要だと思います。

グレーを理解するのが大人

佐々木　「真面目をバカにしない」という話がありましたが、東京圏のほうが、真面目に生きにくいところがありませんか？　カルチャー的に、すかしているというか、熱心に働いたり、頑張ったりすると「寒い」と言われやすいというか。18歳で東京に出てきて、まずそう感じました。とくに慶應の生え抜き組はすかした人が多かったですから（笑）。

塩野　すかすというか、シニカル。すかすのと、ハイコンテクストな中でシニカルに冴えたことを言うのとはだいぶ違う気がします。

佐々木　私が北九州というすごく率直な世界に生きてきたというのはありますね。北九州に限らず、九州はそこまでハイコンテクストではないというか、もっとわかりやすい。人間がさっぱりしている。堀江さんも孫さんも福岡出身ですが、ある意味、すごく福岡っぽさを感じます。

塩野　例えばネットではストレートで過激な表現の競争が行われていますよね。PVやフォロワー数という数字の指標のせいもあります。いろいろなことを理解したうえでわかりやすい価値観を提示するのはいいと思うのですが、**「多くのことはそんなに白黒では語れないよ。簡単ではないよ」というのは知るべきでしょう。**そうでないと、何でもトランプ的な世界になってしまいますから。

佐々木　それはおっしゃる通りです。私の尊敬する産業医である大室正志さんが、「大人になるとは、白でも黒でもないグレーゾーンをうまく受け止められるようになることだ」と言っていました。そういう意味では、私自身、自分が子どもだなあと感じることがよくあります。物事を単純化しすぎです。

塩野 そもそも日本には、中庸を重んじる文化があったと思うんです。中庸が美徳であることは、アリストテレスの『ニコマコス倫理学』でも指摘されていますが、昔から洋の東西を問わず言われていることです。

佐々木 そういう意味では、ネットは極論が広がりやすいだけに、ネットの普及は人間の幼稚化を促す面があるのでしょうか。

塩野 ネットが極論に流れやすいという面はありますね。ただ、それ以上に、読み手側の読む力が落ちていることが大きいと思います。

スマホで文章が短くなったので、長文を読まないし、読めなくなってきています。しかも、文章を読み解く力も衰えているので、私が文章を寄稿しても、書いた本人からすると「ちょっと違うかな」と思うような、ズレたコメントが多くなった気がします。佐々木さんはNewsPicks編集長として、そのあたりはよく実感されていると思うのですが。

佐々木 今は3行で説明したりするのが流行りですが、物事はそんなにシンプルではないですし、前提や経緯、歴史がある。そこを端折《はしょ》ってしまうと、本当に知的な意思決定はできません。新聞記者でさえ事象の歴史的経緯を知らずに単純化する人が増えました。要を得て簡潔であることと、単純化しすぎることは違いますからね。

例えば、新聞記事は短くて効率的なのですが、大事なところもカットされていて、理解が深まらない面があります。一方、ウェブもPCが中心だった時代は、ダラッと長い文章が多かった。それがスマホになって、短くする傾向が強まったのですが、要約力が低い場合は、ただ単純化するだけになってしまった。今後、5G（第5世代の移動通信システム。速度は現在のLTEの100倍になると言われる）の時代になって動画がよりサクサク見れるようになると、さらに単純化が進むでしょうね。「何でも30秒の動画で説明せよ」みたいになるかもしれません。

塩　野　スマホや動画といった、技術によって生まれたフォーマットが思考を規定した例ですよね。そこは認識すべきです。そうでないと時の権力がいいように新しいフォーマットを使って、世論に影響するようになるおそれがあります。トランプのツイッターはその一例です。

佐々木　メディアの話は、メディア人だけが気にするべき話ではなくて、あらゆるリーダー、知的プロフェッショナルが強く意識すべきです。教養と言ってもいい。

塩　野　長らく知的なメディアは、紙とテキストが中心でしたが、今後、動画やVR（バーチャルリアリティ）が入ってくるとメディアリテラシーも変わってくるかもしれません。

佐々木　動画は、紙やテキスト以上に情報量が多いとも言えますし、人間の人柄や品性をあらわにします。うまく使えればさらに表現を豊かにできる可能性もあります。

好奇心はどうすれば育めるか

塩野　知的プロフェッショナルとして生きていく意思のある人には、メディアリテラシーが必須ですが、テクノロジーがどう世の中を変えるかに敏感でないといけません。とくに重要なのは、**AIやバイオテクノロジーがもたらす変化です。**

端的に言うと、AIとバイオは、これまで所与であった「人のかたち」を変える要素があります。そこを認識したうえで、人間の再定義をしていかないといけません。新しい「人のかたち」についてのルールメイキングが必要なのです。

佐々木　その作業自体は困難を極めるでしょうが、極めてエキサイティングです。知的プロフェッショナルには、ぜひ率先してそうしたテーマに飛び込んでほしい。

そのロールモデルが、塩野さんと親交が深い、東京大学の松尾豊先生です。松尾さんはAI研究の第一人者と言える存在ですが、人文学的な問題意識も鋭い。「人間の再定義」を考えられるのは、松尾さんのような人ですね。

塩野　松尾先生は、極めて高度なT字型人間です。自分の思想とその軸となる人工知能という専門分野を持ったうえで、人工知能をどう他分野に関わらせるかという好奇心を持っています。**やっぱり好奇心がすべてです。好奇心と第4章で話した「コーチャビリティ」があったら、誰でも相当なところまで成長できますよ。**

佐々木　グーグルのCEOを長らく務めたエリック・シュミットも、人を採用するときに大事なのは、**「パーシスタンス（粘り強さ）」と「キュリオシティ（好奇心）」**の2つだと明言しています。好奇心が大事だと言う人は多いですが、**好奇心は何によって育まれるのでしょうか？** やっぱり親の教育でしょうか？

塩野　そこは**「親が勝手に制限しないこと」**と密接な関係があると思います。

もともと、子どもは好奇心だけでできていたはずです。好奇心100％と言ってもいいくらいです。しかし、「変なものいじったり触ったりするのはダメダメ」と言われているうちに、自己規制をして大人になっていく。その子どものときにある好奇心をどういう形で伸ばしてあげるかだと思います。

一番いい例は、私もファンのさかなクンです。さかなクンのお母さんは、さかなクンがタコを観察してタコを描きたいと言うので、タコを1カ月近くずっと買ってきて、毎日味付けを変えてタコ料理を出し続けたそうです。「この子のこの興味を失わせてはいけない」と親が言うのは簡単なのですが、ずっと付き合い続けるのはすごく大変で疲れる。その覚悟があるかどうかだと思うのです。

佐々木　それはあらゆる親にとって耳が痛いですね。どうしても「そこまでやるのは面倒くさい」という感情が芽生えてしまいますから。

塩野　その「面倒くさい」というのが、親にとって大きなチャレンジです。親が過干渉になって先手を取って子どもが危ないことをしないようにすると、好奇心を排除してしまうかもしれないですよね。親として自分自身に「過干渉はしない」と言い聞かせていないと、これから伸びようとしている子どもの好奇心を殺してしまいかねません。それは仕事での部下の育成にも当てはまる話です。

佐々木　子どもにしろ、部下にしろ、要所ではちゃんと見てあげるけれども、過干渉はしない。そして、何かあったときは責任を取ってあげることが大切です。

塩　野　そう考えていくと、**ＡＩが普及する時代に、人間の上司に残る機能は「見守って責任を取る」しかない。**

佐々木　とくに50代以上になって現場から離れてしまうと、そこが一番のリーダーとしての価値になります。ただ、そうした豪傑も稀有になってしまいました。

天国でまずチャレンジせよ

塩　野　今のＡＩやＳＮＳなどのテクノロジーが進化する世界においては、個人がパノプティコン型監獄の中に置かれているようなところがあります。言い換えると、自分が監視されていると勝手に思い込んでしまって、自己規制しています。かなり自由に見える人でさえ、好奇心を持ってはみ出したり、領域を横断したりすることをおそれているのです。
　例えば、自分の部下や子どもに対して、「それはやめたほうがいいんじゃない」と言うことは、その人の何かの芽を摘んでしまう可能性があります。もしかしたら今日このときを10年後から振り返ったら、「あの安全なときに、いろいろやっておけばよかった」と後悔するかもしれません。

佐々木　今のような平和なときにチャレンジしてもリスクは低い。**日本のような天国では失敗**

塩野　**しても立ち直れる。それなのに、今のチャンスを逃すと、天国が地獄になって一生チャレンジできなくなるおそれすらあります。**

佐々木　**将来、日本が天国であるうちに準備すればよかったと思うかもしれません。**

塩野　**天国でトレーニングしておかないと、地獄になったときに生き残れません。**

佐々木　だからこそ、安全地帯があるうちに、新しい領域横断的な分野を作り出してほしい。しかも、**領域を超えることはもっとも合理的なキャリア戦略でもあります。**新しい融合領域は競合がいないため、ポジションが空きまくっています。AI関連分野も空いていますし、ニューメディアの世界も空いています。天国でかつ、ブルーオーシャンがこれだけ空いているなんて僥倖《ぎょうこう》はなかなかないですよね。

塩野　「何で私は、あのときやらなかったんだ。バカバカバカ、私のバカ」と10年後に思うかもしれない。

佐々木　それはまさに想像力の問題ですね。みんなが動き始めてからでは遅いから、今のうちに地獄を想像してトレーニングをできるかどうかということです。

塩野　その関連でいいなと思う話があります。SF作家の長谷敏司さんはテクノロジーをテーマにした、ダークファンタジーを得意としています。長谷さんは、人工知能学会倫理委員会のメンバーでもあるのですが、汎用型AIが生まれた後の世界について議論していたとき、「そういう問題はSFの世界ではだいたいやり終えた後なんですよね」と言っていたんです。もう未来から来た男みたいで、AIと人間や社会の関係についてすごく早くから思索していたわけです。つまり、SF作家のように想像力さえあれば、未来を見通すことはできるのです。

想像力を育むための旅

佐々木　では、想像力はどうすれば育めるのでしょうか。

塩　野　ひとつは旅でしょうね。自分の感覚や心持ちとして、好奇心を持って旅するように生活して、生活するように旅をする。

佐々木　ずっと世界中を旅しているハイパーメディアクリエイターの高城剛さんみたいですね。旅は教養にもつながります。ゲーテの教養小説でも、主人公は旅や恋愛などさまざまな経験を通じて成長していきます。私の若いころは、バックパッカーをして世界を放浪するのが流行りでした。

塩　野　当時は、沢木耕太郎さんの『深夜特急』が人気でしたよね。あの物語に憧れてうっかり旅に出た人はたくさんいます。ゆうに1万人くらいはいるのではないでしょうか(笑)。

佐々木　起業家で旅からインスピレーションを得た人もいます。例えば、メルカリの創業者である山田進太郎さんは起業する前に、仕事を1年休んで世界一周旅行をしています。旅は人の想像力を一気にパワーアップさせます。

塩　野　そうですね。新しい世界に触れて自分の内面を育んでいくリアルな旅は、インスタ的なロケハン旅行とはずいぶん違います。

佐々木　海外に住むのも想像力を養えます。今振り返って、英国や米国に留学して何がよかったかというと、マイノリティ体験を積めたことなんです。日本にいると、どうしてもマイノリティ視点は持ちにくいですから。

塩野　**若いうちのマイノリティ経験とリーダー経験は必須科目ですね。**

佐々木　「マジョリティ＝強者」と「マイノリティ＝弱者」から見える風景は全く違います。

塩野　マイノリティ経験がある人は、自分がパワーを持つ側になったときにマイノリティに対する想像力が働きます。想像力は他者への優しさの源泉でもあります。また、リーダー経験がある人は、自分がリーダーになったときにほかのリーダーへの想像力が働きます。その2つの経験がないと、マネジメント力がなかなか高まりません。

佐々木　私がよくないと思うのは、東京圏に生まれて、男子校の中高一貫校に行って、日本の大学に進学することです。こうしたレールに乗っかると、ずっとマジョリティになってしまいます。こう言うと、敵が一気に増えてしまいますが（笑）、「名門中高一貫校→国内の一流大学→日本の大組織」というレールを歩んできた人で、深い意味でのコミュニケーション力が高いと思った人に会うことは稀です。みなさん、頭はよくてキレキレなのですが、他者の気持ちを読む能力というか、どこかズレを感じます。

塩野　私の周りにはそういう学歴の人がたくさんいるので、素晴らしい人もいると思いますが（笑）、名門中高一貫校から海外一流大学といった選択肢も増えるといいと思います。今後はオンライン教育も一般化し、高等教育は教師と生徒の双方向的な議論の場になっていくことでしょう。本当の実力がつくという意味では、シンギュラリティユニバーシティのような既存の教育機関ではない場所もプレゼンスを増していくと思います。

同質性の高い集団に長くいることの弊害は、小さなコミュニティにおけるマジョリティでいてしまうと、ある時点から、外部からのインプットができなくなることです。会社の多数派派閥なんかがそれですよね。それに加えて、マイノリティ経験は、ハングリーさにもつながります。ハングリー&ノーブルのハングリーさを養う助けになるのです。

佐々木 リーダーになるためには孤独が必要です。

塩野 その意味でも、旅をするには、自分でリーダーになって進路やプランを考えないといけないですし、旅行先では常にマイノリティになるので一挙両得の経験になりますね。

佐々木 それと、旅にはしょせん旅人であるという気軽さがあります。固定したコミュニティの中で新しいことをやるのは勇気がいりますから。

塩野 旅の恥は掻き捨てと相通ずるところがありますね。その文脈で、私が好きなのは『ゲンロン0 観光客の哲学』の中で、思想家の東浩紀さんが提唱している「観光客」という概念です。

彼は、旅人、村人、観光客という概念を提示しているのですが、特定の共同体にのみ属する「村人」でもなく、どの共同体にも属さない「旅人」でもなく、特定の共同体に属しつつ、ときおり別の共同体に旅行する「観光客」に注目しています。「観光客」は基盤となるホームを持ちながらも、気軽にさまざまな共同体に旅をします。いい意味での無責任さがあるから、軽やかに動けるし、公共性も兼ね備えているわけです。

「観光客」は共同体と共同体をつなぐ役割になれるのですね。今の日本国のパスポートがあればどこにでも行けるうちに、旅をすべきですよ。日本のパスポートくらい、いろんな国に行けるパスポートはなかなかないのですから。

テックエリートの弱点

佐々木 明治の志士たちも、福澤諭吉にしろ、勝海舟にしろ、命を懸けて貪欲に世界を見に行きました。今もそれと同じことをすべきときなのかもしれません。

塩野 今の時代の難しさは、メディアやインターネットによって、「わかった気」になりすぎてしまうことです。その**「わかった気」に欠如しているのは身体性だと思います。**

例えばアニメばかり見てきたアニメーターは身体性が欠如してしまうということがあります。むしろ、実世界で人間がどう動くかを考えてきたアニメーターのほうがリアルなものを描ける、そんなことが身体性でしょう。

佐々木 その話を聞くと、NHKで放送された宮崎駿さんのドキュメンタリーを思い出します。ドワンゴの川上量生《のぶお》さんらが、AIの技術を基にした人間のイメージ動画を宮崎さんに見せたところ、「毎朝会う、身体障害の友人のことを思い出して、面白いと思えないですよ。極めて、なにか生命に対する侮辱を感じます」と言って川上さんを叱りました。身体性の意識が強ければ、あの動画が面白いとは感じませんよね。川上さんはとてつもない切れ者だと思いますが、テック寄りすぎると感じることがあります。テクノロジーエリートに多い症状です。

塩野　テクノロジーが力を持ってきたときに、テクノロジーを持つ者、持たざる者が生まれます。大衆がＧＡＦＡ（Google, Apple, Facebook, Amazon）のようなテクノロジーの巨人たちを警戒するのは、テクノロジー原理主義者がリバタリアン寄りに見えることにも起因します。テクノロジー原理主義とリバタリアンが合わさったものは、シリアスなセーフティネット、マイノリティ保護みたいな議論とすごく相性が悪い。相性が悪いことをやっているのが米国西海岸のＩＴ企業なんです。

だからこそ、**テクノロジーの巨人たちは自らビッグブラザー化やテック暴走を自制し続けないといけない。**米国フロリダでハリケーンが起きたときに、アマゾンのアルゴリズムによってボトル入り飲料水の価格が急騰しました。するとこんな非常時にまで儲けるためにコンピューターで価格調整するのか、という批判を受けました。

佐々木　シリコンバレーは、技術至上主義で、競争至上主義である一方、社会的にはリベラルで平等を大事にする人が多い。ただ、それらがうまくかみ合わないということですね。

塩野　西海岸には、移民としてのマイノリティの人が多い。そして、テクノロジーの力を使って、マイノリティであっても経済的、社会的に上に行けることを示していくうちに、「テクノロジーがあれば何でもできる」というテック至上主義が頭をもたげてくる。テクノロジーによる莫大な経済的成功者は、テックがあれば何でもできる、自分たちは選ばれし民だという発想で不老不死研究などに行きがちです。

佐々木　あとは宇宙ですよね。

塩野　生命体としての自分自身と宇宙という究極に、お金持ちテックエリートは行きがちです。

佐々木 私がネット空間を見ていて想像力の欠如を感じる対象が2つあって、それはテックエリート的な価値観と、イデオロギーに染まった価値観です。

私自身、テクノロジーの持つ威力、破壊力は重々承知しているのですが、テクノロジーもしょせんはツールなので、人間性の深い部分までは簡単に変えられない。それに社会が変わるのには時間がかかる。それなのに、シリコンバレー的な流れが日本にもすぐ来ると勘違いしている。テクノロジーがユートピアをもたらすという錯覚を起こしているのです。

イデオロギーに染まるほうはより深刻で、一度自分が正しいと信じたものを疑うことができなくなり、別のイデオロギーを持つ人を叩き始める。いつのまにか、ポジショントークばかりになってしまい、自分と対話する術を失っていく。クリティカルシンキングがなくなって、自分の信じたいものを信じる方向にはまっていくけれども、その歪《いびつ》さに自分自身は気づかなくなる。まさに、裸の王様です。

こうしたテックユートピアンとイデオロギー執着病の人たちは、リーダーとして殻を破れないのではないかと思います。「偉大なリーダー」にはまずなれない。

塩野 ネット言論においてひとつのイデオロギーを極端に信じると、フィルターバブルで同種の情報ばかりインプットされるので、気持ちいいと思うんですが、それは知的ではないでしょう。多様性についての受容性がないとなかなか殻を破れません。ただし、その一方で、今のネット化された社会においてはそうしたシンプルな極論のほうがパワーを持てるという面もあります。だからこそ、その極論に対してカウンターを出すことが必要になる。でないと、彼らが暴走してしまう。

佐々木　**世界でも一流のリーダーは、テックユートピアンに対するカウンターを、自身の中に内蔵しています。**例えば、ゲイツやベゾスは、テクノロジーの破壊力を深く理解しつつも、人文科学、社会科学の素養があるので、ナイーブなテック理想主義には走りません。

塩　野　**その境地に達せられるかどうかこそが、私は、優秀（Good）であるところから偉大（Great）になれるかの分かれ目だと思います。**私も優秀な人はたくさん見てきましたが、その中で、偉大にまでなるのは難しいと感じています。ボストンの私立探偵スペンサーを描いたロバート・B・パーカーの作品にこんなセリフがあります。スペンサーは元ボクサーです。「優秀なボクサーじゃなかったの？」「優秀だった。偉大ではなかった。優秀では生きていけない。充実した人生を送れるのは偉大な連中だけだ」

偉大さの条件

佐々木　この対談で、塩野さんは一貫して「理念が大事」と述べていますが、偉大になるための必要条件は、「理念を持つこと」でしょうか。

塩　野　**今は理念が失墜しているがゆえに、なおさら理念というクソ真面目な旗を掲げるべきときだと思います。**

佐々木　それは本当にその通りだと思います。しかも、**個人としてだけでなく、企業も国家も**

理念が必要ですし、偉大なリーダーになるには、個人や国の枠を超えた普遍的な理念が求められます。

塩野　**今の時代には、企業も理念を掲げないと経営が成り立ちません。**例えば、2017年8月に、トランプが白人至上主義者を明確に批判しなかったことに即座に抗議して、インテルのブライアン・クルザニッチCEOなどの経営者が、大統領の助言機関のメンバーを辞任しました。これらの企業はスーパー多国籍企業なので、トランプのような発言や価値観を見過ごしたら、従業員の反発によって経営が成り立たなくなってしまう。日本の経営者が瞬時にこういう判断、実行が権力者に対してできるか、を問いたいと思います。

佐々木　アップルのティム・クックCEOも、トランプに反対する旨を記した全社メールを送りました。クックは、自らが同性愛者であることを告白するなど、モラル、倫理、理念に関することを公言しています。

塩野　クックは、自分もマイノリティだからこそ、より発言が響く。つまり、多国籍企業や移民を多く雇用するテック企業は、少数者に寄り添わないと、成り立たなくなっているのです。

佐々木　シリコンバレーのトップ企業のトップは、ほとんどがマイノリティです。グーグルのサンダー・ピチャイCEOも、マイクロソフトのサティア・ナデラCEOもインドの出身です。こうした米国におけるエンジンの動力源とも言える人たちを失ったら、米国は成り立たなくなってしまいます。

塩野　そういう意味で、オバマ政権というのは、マイノリティであるオバマがホワイトハウスにいるということが、安心の源泉だったのです。つまり、世界の王様がマイノリティであるという事実が、マイノリティに安心感を与えていたのです。それが今は正反対の状況になっているので、分断が大きくなっている。ここをもう一回立て直すのは、相当に難しい気がします。

佐々木　**理念が必要なのは、個人、企業だけでなく、国家も同じですね。**

塩野　そうです。普遍的な理念や倫理を打ち出すことが、国家としてのマーケティング、ブランディング戦略にもなりえます。例えば日本は戦後70年間、一度も戦争で人を殺したことがない事実をうまく使うべきです。

米国、中国は偉大か

佐々木　中国は経済は拡大していますが、理念として何か崇高なものがあるわけではありません。アメリカもトランプ政権になって、今までのモラルリーダーとしての地位が揺らぎつつあります。そして、もっとも理想主義的だったEUにも、ブレグジット（Brexit、英国のEU離脱）が直撃し、理想主義が退潮しています。

塩野　**だからこそ、今は日本が普遍的なテーマを掲げるチャンスなんです。**日本に関することだけを発信するのではなく、人類共通の人権であるとか、人間の安全保障といったものを提示できるといい。核の不拡散ひとつを取り上げても、唯一の核の被爆国である日本は発言力が高いのです。他国のモラルが勝手に下がっていく中で、今、日本は相対的に有利な立場になっているのです。

佐々木　歴史修正主義的な観点ではなく、日本の普遍的な価値を見出すためにも、歴史を多角的に学ぶ必要があります。とくに、被爆国であることも含めて太平洋戦争はしっかり見つめ直したほうがいい。NHKが放送した、インパール作戦についての放送も話題になりました。われわれが思っている以上に、歴史の教訓は後世に引き継がれていません。

塩　野　そうです。戦争の歴史に対して、歪んだ加害者・被害者意識は持たなくていい。ただ、70年前の戦争は現在の日本と地続きであることを意識すべきなのです。過去の戦争について、その残した痛みに若い人が自覚的に思いを巡らせることにより、人類共通の大事にすべき価値観についても考えられるわけです。

佐々木　それこそが、「クールジャパン」を掲げて、日本のアニメを売り出したりすることよりも、日本のソフトパワーの本質的な向上につながるはずです。

塩　野　これは日本にとって、いいゲームだと思うんです。今の世界はある意味、あべこべです。3年前に米国が言っていたことを、中国が言ったりしています。例えば、習近平は「一帯一路」を掲げて「自由貿易こそが大事」と、オバマのような発言をしていますよね。一方でトランプは「NAFTA破棄」や「国境税」のような保護主義的発言を繰り返しています。トランプによってアメリカの理念自体が大きく揺らいでいます。

佐々木　ただ、あえて塩野さんに反論すると、アメリカの歴史を振り返ると、手痛い失敗を犯しても、それを反省して常によみがえってきました。国としてレジリエンスがあります。

その歴史から考えると、トランプでいったん落ち込んだとしても、先進的でリベラルな大統領を選んで、また理想主義を復活させませんか？　トランプの反動が起きるような気がしないでもありません。

塩野　それにしても、今後のアメリカには大きな課題があると思います。その理由は、白人の人口動態的なマイノリティ化です。アメリカの中心だった白人が、現在のラストベルト問題のように、ある種の二級市民に本当に落ちぶれる。その流れに抗おうとする白人の「負のパワー」のほうが強いと思います。この雰囲気はラッパーのエミネムが主演した映画『8 Mile』を見ると少しわかります。

佐々木　**日本も人口動態によって国のかたちが変わりつつありますが、アメリカも同様だと。**トランプ現象は一時的な現象ではなく、構造的な歪みが噴出しただけだということですね。

塩野　ええ、そう思います。とくに深刻なのが白人の30代、40代の死亡率が上がっていることです。以前から、都市部のアフリカ系の20代の死亡率はとても高かったのですが、銃やドラッグの問題も大きく「仕方ないよね」という認識でした。しかし、それと似たようなことが白人の間でも起き始めているのです。そこから生じる負のパワーはすさまじい。

佐々木　そして、中国もあまりうらやましい対象ではありません。言論の自由もないですし、生活の満足度が高くない。まず中国に住みたいと思えません。米中の二大大国が、強いけれども、うらやましくない存在になってしまった。

塩野　そうです。だからこそ、「ソフトパワーが高く、人々が憧れる国」というポジションが空いていると感じるのです。先日、南米グアテマラ出身の起業家の億万長者が、日本は快適で気に入ったから住むことにした、と言うのを聞きました。

西洋社会は中国の人権問題を批判していますが、西洋社会自体が移民問題、極右勢力の台頭などの問題を抱えており、自信を失いつつあります。西洋は経済が豊かになると国は民主化するものだと考えていましたが、中国はその真逆に突き進み繁栄している。この状況も西洋の価値観を揺らがせるものです。流動化する国際秩序の中で、日本はハードパワーの存在感は下がっていくけれども、ソフトパワーとアジェンダ設定能力を基盤として憧れる国にしよう。そういうふうにポジティブにとらえるような若い層、リーダーが出てくるような気がするんです。

佐々木　**メディアアーティストの落合陽一さんはその典型ですね。彼はテクノロジーを高齢化社会でフルに活用して、ポジティブで現実的な「日本再興戦略」を描いています。**彼のような人がたくさん出てくると、日本のイメージは大きく変わるはずです。

孫さん、柳井さんは偉大か

佐々木　塩野さんが思う、日本人の「偉大なリーダー」は誰ですか。例えば、孫さんは偉大なんでしょうか。

塩野　ここまでくると、日本のわれわれにとって偉大な人なのじゃないでしょうか。なぜか

佐々木　と言うと、日本の大企業で顔が見える経営者、ビジョンのある経営者が極めて少数である中で、世界中で顔の見える経営者として有名になっているからです。海外の経済ニュースでも「マサソン」という名前と顔はよく出てきますし、10兆円の「ソフトバンク・ビジョン・ファンド」などグローバルでビジネスアジェンダを作り出しています。

塩野　偉大への階段を上り始めているということですね。

佐々木　私の知っている範囲で言うと、孫さんに仕えた人はみんな孫さんが大好きです。それはやっぱりチャーミングなのだと思います。チャーミングな借金王です。

塩野　孫さんは商売人ではありますが、銭ゲバだけの人ではありませんよね。ハングリーさはもちろんのこととして、ノーブルさも見えます。昔より品のいい顔立ちになってきました。

ただ、最初からハングリー&ノーブルが現出しているというよりは、パワーを得て、深く考えることができれば、人は変わっていくということだと思います。

佐々木　ユニクロの柳井さんはノーブルですか?

塩野　柳井さんはお会いして「俺じゃないとこの帝国は守れない」感をすごく感じました。王とそのほかなので王の参謀はいない。そういう会社は1代限りの帝国になりがちなので、後継者作りが大きな挑戦だと思います。後継者はAIかもしれません。

世の中の2代目・2世問題は面白いと思っています。1代目はハングリーな人が多めです。2代目はノーブルが多めだけれどもハングリーでないから、1代目からするとすごく弱々しく見えてしまう。こうしたことは、洋の東西を問わず必ず起きています。

佐々木　意外と3代目が鍵なのかもしれないですね。

塩野　そこは面白い論点です。「紳士は3代目で作れる」「江戸っ子は3代目から」という話があるのですが、3代目でハングリーとノーブルのバランスが取れるのでしょうね。

日本の影響力を高める方法

佐々木　今後、偉大なリーダー、偉大なキャリアを目指すには、世界で活躍する必要があると思うのですが、いきなり海外に出るのがいいですか？　それとも、国内でまず大成功するのがいいですか？　日本は国内にチャンスが意外とあふれているので、国内というステップを踏むのも悪くないと思うのですが。

塩野　**日本にはいくらでもチャンスがあります。**日本に住む人は、日本というマザーマーケットに土地勘があるので有利ですし、今でもこのマーケットは結構でかい。フランスやドイツより大きいわけですから。分野によりますが、まず日本でチャレンジするほうが楽なことは多い。

本当はビジネスにおいて、とくにグローバルに汎用性のあるテクノロジー関連では、「世界で一番、このビジネスに向いているメンバーは誰か」と問うべきです。世界には17歳でｉＰｈｏｎｅをハッキングし、プレステ3もハッキングして、今は10万円の自動運転キットを作っているジョージ・ホッツみたいな人もいますからね。でも、よく知っているマーケットである日本から始めるのは楽ではあります。

佐々木　サッカー選手にたとえると、まずは満を持してJリーグの得点王になって、欧州に進出する感じですね。今のところ、日本人選手は、Jリーグでワンステップを踏んだ人のほうが成功しています。

塩野　この問いは結局、**今のうちならまだジャパンパワーを使えるので、その間に使えるということ**だとも言えます。ベンチャー企業で言えば、10億円以下の資金調達は日本のほうが楽です。

佐々木　**ジャパンパワーを使えるのはあと10年ぐらいですか？**

塩野　**10年後は本当にきついと思いますね。**

佐々木　東京五輪後には景気が後退する可能性も高いので、5年くらいで見ていたほうがいいですね。

塩野　急いだほうがいいです。実際、ここ数年、日本の企業が海外の企業に対して「御社に出資して提携したいです」という場面で、「何で日本とやらなきゃいけないの。日本の人口は中国の10分の1ですよね」と言われることが如実に増えました。

日本が中国に比べて有利な点があるとすれば、中国は将来の予見可能性が低いことです。政府による思いもよらぬルール変更があって、これまでの積み重ねが無駄になるリスクがあります。例えば共産党による企業への経営指導を可能にする定款変更など、海外企業にとってのリスク要因は増しています。米国企業では中国への投資はあくまで「ヒットアンドラン」の対象であって、「稼げるときに稼ぎまくって、すぐ出ていく」という戦略を取る企業も多い。

佐々木　早く海外に出ていくとしても、日本ではまだ世界レベルで成功しているロールモデルは少ない状況です。塩野さんの中で、「世界で活躍する日本人」と聞いたときに、真っ先に思い浮かぶのは誰ですか？

塩　野　緒方貞子さんはその一人ですよね。私がぜひやってほしいと思うのは、緒方貞子さんみたいな方を50人、１００人生み出すというプロジェクトです。ポイントは、ビジネス界や国際機関において、ルールメイカーになったり、新しいコンセプトを創り出す人になったりすることです。例えば、緒方さんは、国連難民高等弁務官事務所（ＵＮＨＣＲ）の弁務官時代に、「国家による安全保障」を補完する概念として「人間の安全保障」というコンセプトを提唱しています。

　こういうことができる人が日本にもっといれば、日本はＧＤＰの世界シェアに比例した国際政治での影響力を持てるはずです。参考になるのはベルギーです。ＧＤＰはさほど大きくないのに、ＥＵ本部のあるブリュッセルは国際的なハブとして影響力を持っていますからね。北欧も面白いです。スウェーデンは中央銀行が法定デジタル通貨e-kronaを発行しようとしています。エストニアは電子政府化を進めています。

佐々木　ジュネーブを持つスイスからも学べますね。

塩　野　本質的には国のパワーとしては、「経済力」と「軍事力」がありますが、それに加えて、政治力や文化の力をベースにした影響力もあります。フランスやカナダ、起業国家のイスラエルは明らかにＧＤＰのシェアを上回る影響力を持っています。

　そうした影響力を高めるには、やはり数の論理が大事ですが、日本は国際機関に送り込む人数が少なすぎます。**日本は、人口が減っていくことを大前提として、戦略的に国際機関などに日本人を送り込まないといけない段階に入っています。**

佐々木　いわゆる国際機関だけでなく、あらゆる分野で日本人を増やさないと存在感が高まりません。テクノロジーの分野もそうです。

塩野　例えば、人工知能研究の論文数を見ると、米国の次が中国です。そして、米国と中国の共同論文も多くて、米国大学のＡＩの研究室には中国人がいます。だから、「中国はＡＩ分野ではまだまだ」みたいな議論は、数年前から全く意味がなくなっています。米国と一緒に研究をしているのですから、**ＡＩ研究において中国は日本の先を行っていると考えたほうがいいでしょう。**中国政府は国民の顔認証データを集め信号無視などを発見し、「社会信用システム」の運用により国民一人一人の格付けをしようとしています。その気になればどんな個人データでも集めやすい政治環境であり、これは学習用データの必要なＡＩ開発に向いています。

今、中国が力を入れているのは、〝人工的ユニコーン（時価総額１０００億円以上の未上場企業）〟の立ち上げです。つまり、中国は、米国発のテクノロジーを使って、中国の手法で、中国のＶＣ（ベンチャーキャピタル）のお金を使い、中国の規制に従いながら、中国版の巨大プラットフォームを作っているんです。そして、米国発のテクノロジーを完全に獲得したら、その果実は国外には持ち出せないようにしています。

その先鋭化した例が、２０１７年６月に施行されたインターネット安全法です。この法律の一番大きな意味は、中国以外の企業が、中国国内でデータを集めても、それを国外に持ち出せないということです。

佐々木 **そうして圧倒的に国内企業に有利な環境を作っている。中国政府は賢いですね。**

塩　野 これは、やっぱり国家100年の計なんですよね。習近平による共産党一党独裁の下で、テクノロジーによって本当にビッグブラザーを作ろうとしているんです。

ルールメーカーを作れるか

佐々木 今の中国の話は、いかにルールメーカーが必要か、制度設計が大事か、長期的なグランドデザインが必要かという論点につながります。**ルールメイキングができない人は、「偉大なリーダー」にはなれません。**

塩　野 国際社会でも大事なのは、ルールメイキングとマーケットデザインです。**しかし日本には、ルールメイキングやマーケットデザインを行う人材があまりにも少ない。**

ルールメイキングやマーケットデザインとは、何らかの完遂したい目的があって、そのための最適化を考えるという話です。そのためには、多数の分野や利害関係者をまとめて、何らかのリソースの再分配を行う必要があるため、かなり横断的なスキルが求められます。

佐々木 縦割りの日本社会ではもっとも出にくい人材です。ルールメイキングが大事だとは長らく言われていますが、こうした領域横断型人材がいっこうに出てこないのはなぜだと思いますか。逆に言うと、どうすれば、ルールメーカーが育ちますか。その大前提にな

塩野　るのは、やはりリーダー経験でしょうか。

これは一見矛盾する考え方なのですが、**私がルールメーカーっぽいと思う人は、ルールを重んじつつルールを信じていない人です。**「ルールは変えられる」「ルールは解釈次第のところがある」というマインドセットを持っているのです。

佐々木　その意味では、**ルールブレイカー的発想を持つことこそが、ルールメーカーになる近道**ということですか。

塩野　そう思います。なぜなら、制度は所与、「お上から与えられたものを無条件に守ろう」というマインドでは、絶対にルールメーカーにはなれませんから。人間が作ったものは人間が変えられるというマインドが必要でしょう。制度が実情とズレているのなら、制度を変えに行くべきなのです。

国際社会で言うと、各国というみんながパーティーをしているところに入っていって、そこで参加者として楽しんで終わるのではなくて、**パーティーで散々飲み食いした挙句、パーティーが終わる前にそこから飛び出して、そのパーティーを否定する。そして、新しいパーティーを始める。それくらいでないと、ルールメイキングの競争には勝てません。**そうしたことを諸外国に対してやれるか、が問われているのです。

佐々木　新たなパーティーを開くには新しいコンセプトが必要ですね。人が集まりたくなるような。

塩野　「クリスパー・キャスナインのゲノム編集によってこんな未来が来る」とか「プレジジョン・メディスン（精密医療）によって、これまで薬が効かなかった人にも効くようになる」といった、未来へのビジョンが必要です。そしてルールを作っていく。日本人はもののほうに価値を置きがちなので、コンセプトで人を集めるのがあまり得意ではありませんが、ここで勝ちたいところです。

それと同様に大事なのが倫理です。「デザイナーベイビーにはこういう弊害があるので、こんなルールが必要ではないか」とどこまで深く考えられるか。**ルールメーカーになるには、奥底での倫理観が欠かせません。国益と公益と普遍的な倫理を考え抜いたうえで、どこが落としどころになるかを考え抜かないといけないのです。**

佐々木　さらに、考えるだけでなく、構想、ルールの提示、ルールの実行というところまでやりきる必要があります。だいたいの人は、構想で終わってしまって、気づいたらほかの人が実行していたということになりがちです。**構想・提示・実行が三位一体でできてこそ、「偉大なリーダー」に近づけるのです。**

繰り返しになりますが、どうすればルールメイキングを三位一体でできるような大局観、俯瞰力を持てるのでしょうか。私が38歳まで生きてきて強く思うのは、さまざまな要素を踏まえて最適解を導き出せる人、つまりは、「連立方程式」を解ける人の少なさです。視点を高く持てば、あっさり解けるような問いを解けない。

塩野　それはなぜだと思いますか?

佐々木　方程式の数が少ないのではないでしょうか。限られた方程式だけで解こうとするので、部分最適になって現実社会で機能しないし、面白いものにならない。

塩野　それはありますよね。まず**圧倒的に経験量が足りていません。**次に**勝手な遠慮です。**

自分ごときが、そんな上からの視点で俯瞰的に見てはいけないと思っている可能性があります。

佐々木　リーダーに自分がなることはない、もしくは、その地位に立つには時間がかかると思っているのでリアリティがないのでしょうね。そして、大組織の中で、細切れの部分の担当を長く続けるうちに、上から見る視点を完全に失っていく。

塩野　だから、**「もしかしたら勝手に小さく考えてない？」「自分がそんな大きく考えたらダメだと思っていない？」と問うべきです。**

私も部下とのコミュニケーションの中で、「え、それって動かしてもいいんですか」とよく聞かれます。「いいですよ、別に。だって目的を達成するには、これも動かさないとインパクトが出ないでしょう」と答えると、「これは決まっていて動かせないものだと思っていました」という反応が返ってきます。だからNGワードは「決まっているもんだと思っていました」ですね（笑）。「決まっているもんだと思っていました」と言う人に、ルールは作れませんから。

佐々木　受験勉強の数学の試験みたいに、制約条件が不変だと思ってはいけないということですね。3本の方程式で考えていた問題を、5本の方程式で考えることによって、一気に視界が広がることがよくあります。例えばビジネスでは、他社とのパートナーシップを組むことで解ける問題がたくさんありますね。

塩野　まさに、オープンイノベーションですよね。ただ、大企業がやりがちなのは、今まで自社主義だったのに、急に隣の芝生が青く見えて、何もかも他社主義に振れてしまうことです。ここでもまた中庸というか、グレーゾーンが欠如しているのです。

大事なのは、「自分のケイパビリティはAとBで、他者のケイパビリティはCだよね。そして、AとBとCを足し合わせると、新しいポジションに行ける可能性があるよね」という戦略です。それなのに、オープンイノベーションに慣れていない人は、いきなり極端なほうに振れてしまいます。

佐々木　それは、やっぱり村社会に生きているからでしょうね。やっぱり**村の住人にはルールは作れませんし、オープンイノベーションも成功できません。「偉大なリーダー」になるには、まず村から飛び出すことが大前提です。**

医者、弁護士の生き方

佐々木　世界における影響力を上げる余地があるのは、国だけでなく個人も同じです。**日本人が個人として世界でソフトパワーを高めるにはどういう方法があるのでしょうか。**最近、ゾゾタウンを運営するスタートトゥデイの前澤友作さんが、バスキアの作品を123億円で買って世界的なニュースになりました。こうした「マネー×アート」の力で影響力を増すのもひとつのやり方でしょうか。

塩野　マネー×アートに限らずですが、お金の力をベースにしたやり方は、限界もあると思います。先行事例としては中国やロシアのオリガルヒ（新興財閥）は持っているキャッシュの単位が違うので、そこと張り合っても勝てません。オリガルヒは英国のサッカーチームを買ったり、アートを買ったりしましたが、その金額以上の影響力をグローバルに持てたかというと疑問があります。ただし、前澤氏のアートを買うという行為が、アクセスの難しいキーパーソンネットワークへのアクセス権だということは理解できます。

佐々木 ただお金に比例しただけの影響力だと長続きしない可能性もありますよね。中国もサッカーの分野で、世界の名プレーヤーを買い漁りましたが、長続きせずに最近は失速気味です。

塩野 結局、相対的な力ですね。みんながお金がないときに、一人持っている人がドカンとお金を入れると影響力が上がりますが、お金持ちだらけのところでちょっと高い買い物をしてもあまり目立ちません。企業のM&Aも個人も相対的な力だという話です。

例えば、2014年1月にグーグルがデジタルサーモスタット（室内温度調整機器）を手掛けるネストを約3200億円で買収しました。ネストはアップルでiPodの開発をしたトニー・ファデル氏が創業した会社です。日本の家電企業の経営者たちは「何であんな温度計のベンチャーを、そんな高額で買うんだ」と口を揃えていました。でもそれは、あくまで日本の家電企業にとっての話です。

グーグル、アップル、フェイスブック、アマゾンからなる通称GAFAは、合計で30兆〜40兆円くらいのキャッシュを持っていますから、人材と技術が買えるなら約3200億円は大した額ではないんです。たぶん、佐々木さんがガムを買うようなものですよ（笑）。

佐々木　そうすると、**日本の場合、個人も企業もキャッシュの力では勝てませんから、何かの〝優れた能力〟を活かして世界に出ていく必要がありますね。**ただ、ＡＩのところで話したように、テクノロジー分野はすでにメジャーリーグなので、偉大なリーダーを目指す人は海外に出ていけばいいと思うのですが、ほかの仕事の場合はどうですか？　例えば、この本で中心に扱ってきた、プロフェッショナル職の場合はどうでしょう？

塩野　弁護士は厳しいですね。そもそも、弁護士ほどドメスティックなものもありません。法律ほどローカルなものはありませんから、法律＋αが今後は問われていきます。フィンテックなどイノベーション領域がわかる弁護士は引く手あまたです。イノベーションにおいて弁護士には法創造というルールメイキングに関心を持ってもらいたいです。また意外と英語ネイティブの人たちと英語で交渉できる弁護士は少ないので、そういう人はまだまだ必要とされるでしょうね。私の友人でも新興国の交渉を得意とする日本法弁護士がいます。すでに弁護士資格は関係のない交渉人かもしれませんが。

佐々木　一方、医者は世界中でニーズがあるかもしれません。

塩野　医者は結構グローバルな仕事です。日本の医者の匠の技を知りたいというニーズは世界中であります。それに、普段のコミュニケーションにおいて使う言葉や器械・器具がある程度は世界共通なので、日本と薬の名称が違ったりしますが、臨床の現場やオペ室であろうとコミュニケーションが成立しやすい。

佐々木　堺屋太一さんが興味深いことをおっしゃっていました。今は医者不足だけれども、人口が減り始めると医者が日本で余り始める。その医者を東南アジアなどに移住させて、

塩　野　そこで日本語を使える病院を作ればいいと。逆に、日本に世界最先端のメディカルシティをつくって、世界中のお金持ちを呼び込んでもいいですね。

それはポテンシャルが高いです。世界には、日本やアメリカの医者しか手掛けられない難病が心臓外科や脳外科の分野でたくさんあります。アメリカは医療費があまりに高いので、コストという点でも日本の医者は相対的に有利です。すでに日本の医者の中には、定期的にロシアなど高度医療の未発達な海外に出向いて手術をして、自らの技を伝承している人はいますからね。

佐々木　そうした形で、日本人のいい意味での職人魂が発揮できるといいですね。**自らの技を活かして、世界の人を救う。それは極めてノーブルですし、偉大な人生につながります。**

塩　野　医者は職人ですし、高度な手術においては高いクリエイティビティが求められます。

佐々木　天皇陛下の手術を執刀した順天堂大学の天野篤さんみたいな人ですね。**職人的にクリエイティビティを発揮するのは、日本人に向いています。**

塩　野　日本人はそこにすごく才能があります。

一方で今、面白い現象が起きていて、ハンガリーやチェコなど東欧に行って医学部に入学する日本人が増えています。日本で医者になるよりも東欧のほうがコストがかかりませんし、ＥＵの医師資格を取ればＥＵ内のどこでも働けます。医療の世界というのは、それぐらいグローバルなプロトコルがしっかりしているので、国を超えて転用可能。とてもグローバルな分野なのです。

普通のビジネスパーソンは世界で羽ばたけるか

佐々木　**プロフェッショナルを離れて、一般的なホワイトカラーのビジネスパーソンは、どれぐらい世界で活躍できる可能性があるのでしょうか。**今、ホワイトカラーが海外に行く場合は、どこかの企業に入って、海外支社に行くという形が一番オーソドックスになると思うのですが。

塩　野　一般的なビジネスパーソンについて言うと、「必要に迫られる」以外には海外と近づく方法はないでしょうね。必要に迫られて海外の論文を読む、とか、海外の要人と連絡を取らないといけない、とか。仕事の中で海外と付き合う必然性がないと、普通の人はまず続かないと思います。やりたいことがあるから英語を使うのです。

佐々木　必要性があるかどうかがすべてだということですね。

塩　野　そうです。英語を学ぶのではなく、自分の専門性を英語化することです。あとは、もし「自分は領域を超えてどうしても活躍したい」という思いがあるのであれば、「準備できるときに死ぬほど準備せよ」としか言えない。英語に関して、著名な同時通訳の方が「これだけ教材やインターネットの情報があふれている中、それをやらない意味が私にはわからない。誰でもできるのに」と言っていました。私のお勧めは通勤時間に自分の専門分野を検索してポッドキャスティングを何度も聞き続けることです。世界の有名教授の講義なんかも全部タダで聞けます。すごい時代だと思います。まずはこれが続けられるかですね。

佐々木　それぐらい、みんなが勉強を続けられないということですね。だから、ライザップのような「結果にコミットする」で続けさせるノウハウを活かしたサービスが伸びる。

塩　野　それに加えて、日本は哲学書からビジネス書まで素晴らしい日本語の翻訳がすごく早く出る国なので、英語を学ぶ必要性がなかった面もあります。

ただし今後は、**自分が専門とする分野で、日本語と同レベルの知的なコミュニケーションを英語でできるかできないかで、キャリアが大きく変わってきます。**それができないと、世界で自分を見つけてもらえる「偉大なキャリア」を築くのは難しい。

私も「自分が今しゃべっている内容を英語で言うとどうなるかな」をいつも意識しています。例えば、第6章で「自我に食べられてしまう」という表現を使いましたが、この元ネタは、ニーチェの『善悪の彼岸』に出てくる「怪物と戦う者は、その過程で自分自身も怪物になることのないように気をつけなくてはならない。深淵を長くのぞくとき、深淵も等しくこちらをのぞいてることを知るべき」という箇所です。深淵の部分は英語だと“if you gaze long into an abyss”なのですが、こうして、「深淵はabyssって言うんだ」ということを頭に入れていく。これが癖になっているかどうかで、英語を話すときの瞬発力が変わってくるのです。

佐々木　そうした**地道な準備を普段からできているかどうかで、本当にチャンスが巡ってきたときに、結果を残せるかどうかが決まってきます。**

塩　野　何か本当に「成し遂げたいこと」「関わりたいこと」「やりたいこと」があったら、人生のうちに2、3回は必ずチャンスが回ってきます。でも、いざチャンスが回ってくると、「今ちょっと住宅ローンが」とか「まだ英語の準備ができていないので」と言って、願っていたチャンスに乗れない人がとても多いのです。

だから、**40歳を超えた私が一番伝えたいのは、「時間があるうちに準備しておこうよ。それまでに実力や信頼や人脈をためておこうよ」ということです。**以前、ニッポン放送、フジテレビの買収案件のときに交渉相手だったサンケイビル社長の飯島一暢さんから「塩野君、最近、調子どう?」と聞かれて「地味に何とか頑張っています」と答えたら**「あなたがしっかりやっていれば、世間や世界がきっとあなたを見つけるから」と言ってくれました。確かに、そういうことはあると思うのです。若い人たちには真面目にやることをバカにしないで、そう思っていてほしいです。**

佐々木　とくに中長期的には絶対そうですよね。世の中は意外とフェアです。**お天道様が見ている、誰かが見ていると思えれば、明日に希望を持ちながら、楽しく努力できます。ノーブルなビジョンを持ちつつ、ハングリーに目の前のチャレンジに食らいつく。そんな人生を送れれば、きっと「偉大なリーダー」への道が開ける。**それを塩野さんとの対談から学べました。私自身も、塩野さんの教えを守りながら、**明日からハングリー&ノーブルに生きていきたいと思います。**

第7章：偉大なリーダーになるための10冊

塩野 誠

日経新聞朝刊連載
「私の履歴書」

マイケル・アブラショフ
『アメリカ海軍に学ぶ「最強のチーム」のつくり方：
一人ひとりの能力を100%高めるマネジメント術』
（三笠書房）

エリザベス・イーダスハイム
『マッキンゼーをつくった男　マービン・バウワー』
（ダイヤモンド社）

北康利
『白洲次郎　占領を背負った男』
（講談社）

戸部良一、寺本義也、鎌田伸一、杉之尾孝生、村井友秀、野中郁次郎
『失敗の本質―日本軍の組織論的研究』
（中央公論社）

佐々木紀彦

グレアム・アリソン、フィリップ・ゼリコウ
『決定の本質　第2版』
（日経ＢＰ）

ジム・コリンズ
『ビジョナリー・カンパニー２　飛躍の法則』
（日経ＢＰ）

W・チャーチル
『わが半生』
（中央公論新社）

半藤一利
『日本型リーダーはなぜ失敗するのか』
（文藝春秋）

福澤諭吉
『現代語訳　文明論之概略』
（慶應義塾大学出版会）

おわりに　強い者が正しいか、正しい者が強くなるか

塩野　誠

この対話を読み終えて、いかがでしたか？　この対話は仕事について、現役ど真ん中で、今ももがきながら前に進んでいる二人が、まだ見ぬ同志のために話をしたものです。著名人や評価が固まった人の話やレジェンドも素敵ですが、この対話はまだアガっていない二人が大きな変化が起きそうな未来を見据えて、お互いの思考をぶつけ合ったものです。

今回、佐々木紀彦さんというジャーナリストであり、編集者であり、NewsPicksという新しいメディアを創り出した起業家でもある稀有な方と一緒にキャリアと未来を軸にいろいろな話をさせていただくことができました。私が40歳を過ぎたところ、佐々木さんが30代後半という、不惑（40歳）前後の二人が「五十にして天命を知る」前に、仕事に正面から向き合った対話となっています。

世の中には「意識高い系かよ」と揶揄《やゆ》する人たちがいますが、佐々木さんと私は真面

目にコツコツ頑張ることを大事にしています。そして「私」を超えた「利他」や「公」について青臭く、かつリアルに理念について話をしました。インターネットメディアやSNSの普及により、個人が世界に発信できるパワーを持つことができましたが、「目立った者勝ち、お金があればセレブ」といった浅薄で自己中心的な、単純化された言説が持て囃《はや》される中、働いて生きていくことについてじっくり考え、世の中に伝えたいと思いこの本を企画しました。

私は「毎日、情報はあふれているけど、もうちょっと深く考えたいぞ」と思っている人はいると信じています。そして、それは「異業種交流、朝活、スカイプ英語って意識高いねー」という話ではありません。

日本という国は先人たちがつくった天国ではありますが、人口動態の変化、教育の機会格差などがじわじわと進んでいます。日本の外に目を向ければ、新興国や領土的野心を隠さない国家の台頭、周辺諸国の政情不安、すぐ近くにはわが国の領土に向けミサイルを撃ってくる人権のない独裁国家と、「天国」の周りにはリスクが拡がっています。

また、身の回りでも人工知能やゲノム編集など人間社会を変える可能性を持つ破壊的テクノロジーが日々、進化しています。今、未来について考えておかないと社会が手遅れになる気がするのです、次世代、子どもたちのために残された時間は少ないのです。

こうした変化の只中にあって私たちはどう生きればよいのでしょうか、二人の対話が読者の方にとって少しでも、行動を起こすきっかけになればとてもうれしいです。私は、強い者が正しいか、正しい者が強くならないと世の中は救われないと思っていますが、日々の仕事の中で悩みながらも、大切な人たちのために頑張っている人たちに強くなってほしいと思います。この本を読んで慌ただしい毎日から少し離れて、立ち止まって何かを考えていただければうれしいです。

この対話を世の中に出すにあたり幻冬舎の箕輪厚介さんに大変お世話になりました。心から御礼を申し上げます。また、この対話に出てきた数々の方々、そして日頃から支えていただいている友人、家族に感謝の言葉を伝えたいと思います。そして、佐々木さん、本当に有難うございました。10年後にまた、答え合わせをしましょう。

装幀　トサカデザイン（戸倉 巌、小酒保子）
編集　箕輪厚介（幻冬舎）

ポスト平成のキャリア戦略

2017年12月25日　第1刷発行

著者
塩野誠　佐々木紀彦

発行者
見城 徹

発行所
株式会社 幻冬舎
〒151-0051 東京都渋谷区千駄ヶ谷4-9-7
電話　03(5411)6211 [編集]
　　　03(5411)6222 [営業]
振替　00120-8-767643

印刷・製本所
中央精版印刷株式会社

ISBN978-4-344-03237-8　C0095
幻冬舎ホームページアドレス
http://www.gentosha.co.jp/

この本に関するご意見・ご感想をメールで
お寄せいただく場合は、
comment@gentosha.co.jpまで。